गद्य सुमन

बी.कॉम. हिंदी 'ख'

वाणी प्रकाशन
21-ए, दरियागंज, नयी दिल्ली-110002
फोन : 011-23273167, 23275710, 41562622
फैक्स : 011-23275710
e-mail : vani_prakashan@yahoo.com

गद्य सुमन

बी.कॉम. हिंदी 'ख'

प्रधान संपादक

प्रो. रमेश गौतम

अध्यक्ष, हिंदी विभाग

दिल्ली विश्वविद्यालय, दिल्ली

संपादक

डॉ. आशा

प्रवक्ता, हिंदी विभाग

अदिति महाविद्यालय, दिल्ली विश्वविद्यालय

डॉ. मुनीश शर्मा

प्रवक्ता, हिंदी विभाग

श्री अरविंद कॉलेज (सांध्य), दिल्ली विश्वविद्यालय

वाणी प्रकाशन

'लोगो' वाणी प्रकाशन : मक़बूल फ़िदा हुसेन

वाणी प्रकाशन, 4695, 21-ए, दरियागंज, नयी दिल्ली-110002
वाणी प्रकाशन, अशोक राजपथ (पटना कॉलेज के सामने), पटना (बिहार)

GADYA SUMAN

Edited by Prof. Ramesh Gautam

Collection of Essays

ISBN : 978-93-5000-452-4

संस्करण : 2006, 2010

मूल्य : 55/-

वाणी प्रकाशन

फोन : 0091#11#23273167, फोन व फैक्स 23275710

वेबसाइट : www.vaniprakashan.in

ई-मेल : vaniprakashan@gmail.com

आर.टेक ऑफसेट प्रिंटर्स द्वारा दिल्ली-110095 में मुद्रित

प्राक्कथन

साहित्य संवेदनशील हृदय का निर्माण करता है, इसीलिए लम्बे अन्तराल के बाद बदले गए बी.कॉम. के पाठ्यक्रम में रोजगारपरक दृष्टि के दबाव के बावजूद मानविकी विषयों का अनुपात पहले के समान ही रखा गया है। यह जरूरी भी था क्योंकि बदली परिस्थितियों में बी.कॉम. के स्वरूप को व्यावसायिक दृष्टि से कितना ही रोजगारोन्मुख क्यों न बनाया गया हो साहित्य अध्ययन के माध्यम से विद्यार्थी को मनुष्यता और सामाजिक संवेदनशीलता का पाठ पढ़ाना जरूरी है। तकनीकी युग की ज्ञानात्मक रुक्षता और एकरसता को साहित्य की संवेदनशीलता से ही तोड़ा जा सकता है। साहित्य समाज की मानसिक खुराक है। साहित्य से संवेदनात्मक ज्ञान अर्जित कर मननशीलता का धर्म अपना कर 'व्यक्ति' सामाजिक बनता है, परस्पर प्रेम और सद्भाव का विस्तार करता है। लोकतान्त्रिक समाज में साहित्य को मनुष्यता का घोषणा पत्र माना जा सकता है। इसलिए रोजगार के नाम पर उच्चशिक्षा से साहित्य को बहिष्कृत करने का जोखिम नहीं उठाया जा सकता। बी.कॉम. पाठ्यक्रम में इसी बात का ध्यान कर हिंदी साहित्य को समाविष्ट किया गया है। पाठ्यक्रम की अधिरचना में इस बात को ध्यान में रखकर कविता और गद्य के पाठों का संकलन किया गया है। संकलन के अन्त में जो अभ्यास दिए गए हैं उनमें अध्ययन-अध्यापन और परीक्षा के परम्परागत ढाँचे को बदलने की संकल्पना छिपी है। उसी संकल्पना के अनुरूप पाठ-संकलन-सम्पादन समिति द्वारा कविताओं और गद्य-पाठों का चयन तथा सम्पादक-मंडल द्वारा उनके अध्ययन में सहायक पूरक सामग्री और अभ्यास तैयार किए गए हैं। लेकिन ये अभ्यास अन्तिम नहीं, अनन्तिम हैं; इनमें आवश्यकतानुसार परिवर्तन एवं परिवर्द्धन भी हो सकते हैं। पढ़ने और पढ़ाने के क्रम में विद्यार्थी और शिक्षकगण इस ढंग की और अभ्यासमाला तैयार कर सकते हैं ताकि अध्ययन-अध्यापन में परम्परा और नएपन के समन्वय से ताजगी आ सके।

हिंदी-विभाग का यह सहकारी प्रयास अध्ययन-अध्यापन और परीक्षा की सम्पूर्ण-व्यवस्था के लिए फलदायी होगा। विभाग के इस अकादमिक प्रयास को परिश्रमपूर्वक सफल बनाने के लिए सम्पादक-मंडल का दिल्ली विश्वविद्यालय तथा विभाग की ओर से आभार।

–प्रो. रमेश गौतम
अध्यक्ष, हिंदी-विभाग
दिल्ली विश्वविद्यालय
दिल्ली - 110007

अनुक्रम

हिंदी गद्य का उद्भव और विकास

आधुनिक काल से पूर्व हिंदी में छन्दों के लालित्य के बीच से निकली काव्यधारा का वर्चस्व था। हिंदी साहित्य ने पहले पहल जिस विधा के माध्यम से स्वयं को अभिव्यक्ति दी वह कविता थी। कविता की प्रधानता के कारण ही वह 'साहित्य' शब्द के पर्याय के रूप में स्थापित भी होती रही। गद्य का स्थान हिंदी साहित्य में न के बराबर था और गद्य से उपजी विविध विधाएँ जो आज हमारे सामने हैं उनका अस्तित्व नहीं था। गद्य के नाम पर कथा, कहानी, आख्यायिका, संस्मरण, निबन्ध आदि के संग चली आती लघु धारा के साथ उसका थोड़ा-बहुत प्रवाह जैन व नाथों-सिद्धों के साहित्य के रूप में गतिशील हुआ।

गद्य का वास्तविक व विकसित स्वरूप आधुनिक काल के भीतर ही उद्घाटित व विकसित हुआ। आधुनिक काल अर्थात् 1850 ई. से पूर्व इसकी भूमिका के तौर पर कुछेक रचनाएँ अवश्य अस्तित्व में आ चुकी थीं। इन रचनाओं का गद्यात्मक महत्त्व जो चाहे रहा हो किन्तु साहित्यिकता इनमें न के बराबर रही। इनमें सदल मिश्र का 'नासिकेतोपाख्यान' (1803 ई.), 'रामचरित' (1806 ई.), सदासुखलाल की 'सुखसागर', रामप्रसाद निरंजनी की 'भाषा योगवाशिष्ठ' (1741 ई.), दौलतराय का 'जैन पद्मभूषण' (1766 ई.), लल्लू लाल की 'सिंहासन बत्तीसी', 'बेताल पच्चीसी' तथा इंशा अल्लाखाँ की 'उदयभान चरित' अथवा 'रानी केतकी की कहानी', नाहर खाँ की 'गोरा बादल' (1628 ई.), राजा शिवप्रसाद सितारेहिन्द की 'राजा भोज का सपना' आदि रचनाओं ने आधुनिक हिंदी गद्य के लिए भूमिका तैयार कर दी थी। समय और स्थितियों के साथ-साथ साहित्य की गद्य विधाओं का रूप-स्वरूप बदला व परिष्कृत हुआ। इसी समय ईसाई मिशनरियों द्वारा अपने धर्म-प्रचार के लिए जिस भाषा का प्रयोग किया गया वह खड़ी बोली हिंदी थी जिसने अप्रत्यक्ष रूप से हिंदी गद्य के विकास में योग दिया। साथ ही हिंदी गद्य के विकास में फोर्ट विलियम कॉलेज (1801 ई.) का भी महत्वपूर्ण योगदान रहा।

हिंदी साहित्य में आधुनिक युग की शुरुआत 'भारतेन्दु काल' (1850-1900) से मानी जाती है। यह पचास वर्ष का समय गद्य की साहित्यिक शुरुआत का रहा। जहाँ साहित्य पहली बार समाज की विविध गतिविधियों, अच्छाइयों-बुराइयों,

विसंगतियों व समस्याओं से परिचित हुआ। यह वह युग था जहाँ हिंदी साहित्य का गद्य जैनों-नाथों के साम्प्रदायिक भावों अथवा पद्यात्मक गद्य से उबरकर अपने समय की यथार्थ वास्तविकताओं को पहचानना शुरू करता है। भारतेन्दु और उनकी मण्डली के सभी साहित्यकारों ने अपनी रचनाओं में समाज को उस सच से परिचित कराया जिससे वह दो-चार होना नहीं चाहता था। भारतेन्दु काल में गद्य का विकास मुख्यतः नाटकों व निबन्धों के रूप में ही सामने आया। 'नाटक' संस्कृत-समय से लिखा जाता रहा है किन्तु आधुनिक समाज के हिसाब से जिस व्यावहारिक संरचना के साथ नाटक की जरूरत थी वह इसी युग में शुरू हुआ। स्वयं भारतेन्दु के प्रथम नाटक 'विद्या सुन्दर' (1868 ई.) से हिंदी में नाटकों का प्रारम्भ माना जाता है। नाटक इस समय को दिशा देने का सामाजिक उपाय था। इस विधा के माध्यम से भारतीय समाज मनोरंजनात्मक तरीक़े से ज्ञान पा सकता था। समय सरोकारों को समझ सकता था। शिक्षित व अशिक्षित दोनों वर्गों को नाटक विधा ने प्रभावित किया। उन्नीसवीं शताब्दी की शुरुआत में अंग्रेजों के प्रभाव व आतंक से नई चेतना समाज में पनपी। पद्य की रसात्मक छन्दोबद्धता से जुझारू विचारों के गाम्भीर्य को अभिव्यक्त करने की क्षमता नहीं थी। समाज की दुर्दशा का चित्रण सीधे-सरल व ज्वलनशील तरीके से करने का उपाय निबन्ध था जिसमें लेखक की प्रगतिशीलता एवं उन्मुक्त, स्वच्छन्द व गतिशील विचारों को अभिव्यक्ति मिल सकती थी। स्त्री और उससे जुड़े अत्याचार चाहे वे किसी भी रूप में समाज में चले आ रहे थे उनसे टकराने का साहस विचारात्मक निबन्धों में ही था। निबन्ध की प्रकृति प्रवाहमान व त्रासद समय में अतिमारक होने के कारण निबन्धात्मक लेखों का चलन इस युग में अधिक हुआ। साहित्यकार समाज-सेवक होने के नाते हर तरीके से समाज में बदलाव चाहता था। उसके लिए वह पत्रकार भी बना। भारतेन्दु युग के लगभग सभी लेखकों ने किसी-न-किसी पत्र का सम्पादन भी किया। वस्तुतः समाचार-पत्र वह ताकत थी जिससे समाज की हवा को बदला जा सकता था। उसकी निष्क्रियता को गति दी जा सकती थी। आम जन तक पहुँच की सम्भावना होने के कारण पत्र-पत्रिकाओं का सहारा लिया गया। 'कविवचनसुधा', 'हरिश्चन्द्र मैगज़ीन', 'ब्राह्मण', 'बालाबोधिनी' आदि पत्र-पत्रिकाओं ने गद्य को मजबूत व परिष्कृत किया। गद्य की भाषा व उसके विषयों के निर्धारण में भारतेन्दु और उनके सहयोगियों प्रतापनारायण मिश्र, बालकृष्ण भट्ट, बदरीनारायण चौधरी 'प्रेमघन', राधाकृष्णदास तथा बालमुकुन्द गुप्त आदि का योगदान महत्त्वपूर्ण है। नाटक, निबन्ध व पत्र-पत्रिकाओं के अतिरिक्त शेष गद्य विधाओं यथा कहानी, उपन्यास, एकांकी, संस्मरण, रेखाचित्र, रिपोर्ताज, यात्रा वृत्तान्त आदि का प्रारम्भ आगे चलकर द्विवेदी युग में व्यवस्थित रूप से हुआ। कहानी व उपन्यास के

नाम पर भारतेन्दु ने 'पूर्णप्रकाश चन्द्रप्रभा' लिखने का असफल प्रयास किया अवश्य था किन्तु उपन्यास की शुरुआत उन्हीं के युग में दिल्ली के लेखक लाला श्रीनिवासदास के 'परीक्षा गुरु' से मानी जाती है। हिंदी कहानी का प्रारम्भ द्विवेदी युग में हुआ।

हिंदी साहित्य की भाषा कैसी हो भारतेन्दु युग तक यह विवाद और बहस का प्रश्न बना रहा। दो वर्चस्वशील व्यक्तित्व राजा शिवप्रसाद सितारेहिन्द व राजा लक्ष्मण सिंह ने हिंदी भाषा के स्वरूप-निर्धारण को लेकर क्रमशः उर्दू-बहुलता व संस्कृतनिष्ठता को अपनाने का सुझाव रखा। भारतेन्दु हरिश्चन्द्र ने इन दो छोरों के बीच हिंदी का प्रारूप तैयार किया। उन्होंने संस्कृत व उर्दू शैली का समन्वय कर उस भाषा को तैयार किया जो हिन्दुस्तान के लोगों के निकट थी। जहाँ वह प्रत्येक हिन्दुस्तानी की अभिव्यक्ति को सुगम सहज सरल व प्रभावशाली बना सकती थी।

भारतेन्दु युग के बाद महावीरप्रसाद द्विवेदी जैसे शिक्षक, सम्पादक व साहित्यकार के हाथों में हिंदी साहित्य की दशा और दिशा को तय करने का कार्यभार था। हिंदी साहित्य के पुनर्जागरण के बाद उस जागरण के सुधार का कार्य महावीरप्रसाद द्विवेदी ने किया। हिंदी साहित्य की भाषा को व्याकरण व साहित्यिकता की दृष्टि से पुष्ट करने जैसा महत्त्वपूर्ण कार्य करने का श्रेय द्विवेदी जी को ही जाता है। इन्हीं के नाम पर आधुनिक युग के इस काल खण्ड (1901 ई. से 1920 ई.) को द्विवेदी युग कहा गया। हिंदी कहानी की नींव इनके द्वारा सम्पादित पत्रिका 'सरस्वती' के माध्यम से ही पड़ी। प्रेमचन्द जैसे कथा सम्राट का उद्‌भव-काल भी यही युग था। गद्य के विकास में द्विवेदी युग का विशेष योगदान रहा। भाषा और संवेदना दोनों की दृष्टि से हिंदी साहित्य ज्यादा परिपक्व हुआ। शैली व कथ्य में नए-नए प्रयोग हुए। वास्तविकताओं की ओर बढ़ने का साहस बढ़ा, कोरी भावुकता के स्थान पर वैचारिकता बढ़ रही थी। द्विवेदी जी के अतिरिक्त इस युग के महत्त्वपूर्ण लेखकों में पं. चन्द्रधर शर्मा गुलेरी, अध्यापक पूर्णसिंह, गणेशशंकर विद्यार्थी, शिवपूजन सहाय प्रमुख हैं।

द्विवेदी युग में ही वस्तुतः हिंदी का साहित्य अपना रूप-स्वरूप पहचान चुका था साथ ही उन सम्भावनाओं को भी वह प्रकट करने लगा था जहाँ हिंदी साहित्य में आयामगत विविधता आई। विधा के तौर पर नाटक, निबन्ध के साथ कहानी, उपन्यास साहित्य के केन्द्र में अपना स्थान बनाने लगे। पाश्चात्य साहित्य का प्रभाव दिख रहा था। इसके बावजूद साहित्य व साहित्यकार को खुले आकाश की तलाश थी जहाँ वह अपनी कल्पना शक्ति व सृजनात्मक सम्भावनाओं को आकार दे सके। वस्तुतः द्विवेदी जी का व्यक्तित्व पूरी तरह से अपने समय-शब्द पर छाया रहा। उस वट वृक्ष की छाया में लिखना सधा हुआ अवश्य हुआ लेकिन

व्यष्टिगत मौलिकता अतिरिक्त अनुशासन के कारण पनप नहीं पाई।

प्रेमचन्द के समय से ही यों तो विरोध का स्वर उभरने लगा था। श्लीलता-अश्लीलता के पन्नों की पुनःसमीक्षा कथा साहित्य व विचारात्मक लेखों में पूरे धारावाहिक के रूप में शुरू हुई। जिन विषयों को समाज ने अपना होते हुए अपना मानने का साहस कभी नहीं किया उन-उन सवालों पर सवाल होने लगे थे। 'सेवासदन', 'निर्मला', 'कर्मभूमि' जैसे उपन्यासों में प्रेमचन्द ने लीक से हटकर वेश्याओं, अनमेल विवाह, प्रेम विवाह जैसे विषयों पर मानवीयता के साथ सोचना शुरू किया। हालाँकि निर्णय तक पहुँचाने का साहस वहाँ नहीं था लेकिन उनके समानान्तर व बाद में पूरी तरह से मनोवैज्ञानिक सोच के साथ गद्य ज्यादा मानवीय व स्वाभाविक, नैसर्गिक होता गया। जैनेन्द्र, इलाचन्द्र जोशी, चतुरसेन शास्त्री, भगवती चरण वर्मा आदि ने आत्मविश्लेषण के साथ पुरातन कथनों मुहावरों को खँगालकर प्रयोग किया।

प्रगतिवाद के आते-आते प्रगतिशील लेखकों ने गद्य को कोरी नैतिकताओं, भावुकताओं, आदर्शों के बंधन से मुक्त कर परिवर्तित होते समाज की जरूरत से परिचित कराया। एक ओर घुटता-पिसता, संघर्षरत मजदूर, किसान, साहित्य के केन्द्र में आया तो दूसरी ओर मानव मन और तन की भूख की बात को सुना जाने लगा।

प्रयोगवाद ने गद्य को विशुद्ध बौद्धिक चिन्तन से पुष्ट किया। पाश्चात्य प्रभाव के प्रति नकारात्मक सोच उसके प्रति मोह में तब्दील हुई। वहाँ की जीवन-शैली को व्यक्ति और समाज दोनों के लिए अनुकूल महसूस किया जाने लगा। समाज का महत्त्व व्यक्ति से माना गया। दण्डाधिकारी के रूप में समाज के रवैये की आलोचना प्रयोगवादी लेखकों द्वारा होने लगी थी। चिन्तन, आत्म-मन्थन, अन्वेषण के गाम्भीर्य के साथ गद्य रचा जाने लगा। अज्ञेय ने हिंदी भाषा को सूक्ष्म मारक व घनीभूत बनाया, प्रयोगों की परम्परा को गति दी। ये प्रयोग भाषा और कथ्य के संवेदन व शैली दोनों ही स्तर पर हुए। 'सप्तकों' में लिखने वाले कवियों ने गद्य के विकास में भी बराबर का भाग लिया। इस समय में गद्य ने अपनी वास्तविक गति को पकड़ा।

आजादी के बाद हालात बदले। देश को स्वतन्त्र कराने की केन्द्रीय सोच का नयी वास्तविकताओं से तीखा साक्षात्कार हुआ। आशाओं व अपने अस्तित्व के प्रति संजीदगी ने समाज में कुण्ठा, नैराश्य व मोहभंग की स्थिति को पैदा किया। बिखरे हुए समाज की परिणति को साहित्य समेट रहा था। एक ओर बँटवारे से उपजी त्रासदी का जोर था तो दूसरी ओर भीड़ में खोए आदमी की पहचान को लेकर पूरी जद्दोजहद। सुविधाओं-साधनों पर एक वर्ग विशेष काबिज होता चला गया। प्रतिभा मौलिकता को अपना स्थान बनाने की पीड़ा के साथ जीना

पड़ा। सामाजिक, राजनीतिक, आर्थिक तन्त्र में फैली भ्रष्टता को लेखक गद्य के माध्यम से सामने लाया।

नाटक, निबन्ध, एकांकी, कहानी, उपन्यास के साथ-साथ कुछेक नई विधाएँ योरोपीय असर से पैदा हुईं। जीवनी, रेखाचित्र, संस्मरण, रिपोर्ताज, डायरी, यात्रावृत्तान्त जैसी नवविधाओं ने गद्य को व्यापक बनाते हुए साहित्यिक रसात्मक व गद्यात्मक गाम्भीर्य से समृद्ध भी किया। बीसवीं शती के वर्तमान समय में तो गद्य ने नए प्रतिमान स्थापित किए। मार्क्सवाद, अस्तित्ववाद, मनोविश्लेषणवाद, उत्तर-आधुनिकता जैसी अवधारणाओं ने जीवन के प्रत्येक विषय को सामाजिक सीमाओं के भीतर प्रविष्टि दिलाई। स्त्री-विमर्श, दलित-विमर्श, स्त्री-पुरुष सम्बन्ध, राजनीति, विज्ञान, पर्यावरण, तकनीक, व्यापार, बाजार, सभी कुछ को साहित्यिकता की परिधि के भीतर वर्तमान गद्य ने समेटा है।

समाज और आदमी के इस परिवर्तित विकास को गद्य की विविध विधाओं ने जिस क्रम के साथ संचित किया उसका संक्षिप्त वर्णन-विवेचन दिया जा रहा है।

उपन्यास

अंग्रेज जैसी चुस्त, जागरूक जाति को अपने सामने पाकर भारतीय मानस परम्परागत साहित्य रूपों से सन्तोष नहीं पा रहा था। उन्नीसवीं शताब्दी के प्रारम्भिक चरण से जहाँ राजा राममोहन राय जैसा व्यक्तित्व समाज की रूढ़िवादिता पर पहली चोट करता है, जिससे जनमानस में अपनी परम्परागत विरासत के प्रति शंका उपजी, वहीं सामाजिक बदलाव, राष्ट्रीय आन्दोलनों व पुनर्जागरण की लहर ने भारतीय पद-दलित समाज से एक प्रबुद्ध वर्ग को तैयार कर दिया। इसी प्रबुद्ध, साहसी और उत्साहित वर्ग ने जागृति की चिनगारी को हवा दी। इस वर्ग के समक्ष नजाकत से भरा रीति कालीन साहित्य था जिससे मोहभंग होना प्रारम्भ हुआ। ऐसे समय में ही कथा-साहित्य की नवनीत विधा 'उपन्यास' सामने आई। पहले पहल अंग्रेजी उपन्यासों के अनुवाद सामने आए। वास्तविक जीवन की जीवन्तता व संजीदगी अधिक होने के कारण यह विधा बहुत लोकप्रिय हुई। अंग्रेजी के 'नॉवेल' शब्द के पर्याय के रूप में 'उपन्यास' शब्द का चलन हिंदी में हुआ। 'अनूदित' उपन्यासों के प्रति बढ़ती रुचि ने मौलिक उपन्यासों को जन्म दिया। वस्तुतः उपन्यास के पास वह शिल्प व भाषा थी जिससे वह जीवन की विविधता व गहराई को ठीक-ठीक शब्दों में उतार सके। विस्तार के लिए उपयुक्त स्थान का अभाव भी वहाँ नहीं था। उपन्यास के चरित्र के बारे में कलम के सिपाही प्रेमचन्द लिखते हैं कि, "मैं उपन्यास को मानव-जीवन का चित्र मात्र समझता हूँ। मानव-चरित्र पर प्रकाश डालना और उसके रहस्यों को खोलना ही

उपन्यास का मूल तत्व है।'' अब तक की वास्तविकता यह थी कि भावों की आदर्श, भावमयी, कल्पनाजन्य तस्वीरें ही काव्य के 'महाकाव्य', 'खण्डकाव्य', 'चम्पूकाव्य' के रूप में व्यक्त हो रही थीं। कथानक के नाम पर राजाओं, सामन्तों या छोटे-बड़े जमींदारों का विलासजन्य गौरव ही उकेरा गया। उपन्यास में 'होरी' को स्थान मिलना शुरू हुआ। सामान्य आदमी की पीड़ाओं, दुःख-दर्दों का वितान फैलाया गया।

हिंदी में उपन्यास की शुरुआत लाला श्रीनिवास के 'परीक्षा गुरु' (1872 ई.) से मानी जाती है। इस उपन्यास से पूर्व श्रद्धाराम फिल्लौरी की रचना 'भाग्यवती' (1877 ई.) प्रकाश में आ चुकी थी किन्तु औपन्यासिक तत्त्वों के अभाव के कारण इसे उपन्यास का दर्जा नहीं दिया गया। प्रेमचन्द युग से पूर्व उपन्यास तीन धाराओं में बह निकला। पहली तिलिस्म और अय्यारी थी जिसके प्रवर्तक देवकी नन्दन खत्री माने जाते हैं। इनके उपन्यास 'चन्द्रकान्ता' और 'चन्द्रकान्ता सन्तति' की लोकप्रियता अब तक चली आई है। उस पर बने सीरियल (धारावाहिकों) ने धूम मचायी। दूसरी धारा जासूसी उपन्यासों की थी जिसकी अगुवाई गोपालराम गहमरी कर रहे थे। तीसरी धारा रोमांसपरक सामाजिक उपन्यासों की थी जिसका किशोरी लाल गोस्वामी ने प्रतिनिधित्व किया।

द्विवेदी युग का पूर्वार्द्ध उपन्यासों की दृष्टि से पूर्ववत तिलिस्मी, एय्यारी, जासूसी व उपदेशात्मक सामाजिक सरणि के क्रम में ही आगे बढ़ा। यथार्थ खुलकर सामने नहीं आ पा रहा था। मोटी-मोटी परेशानियों का साहित्यिक समाधान निकालने का सायास प्रयास किया जा रहा था। असल सामाजिक विद्रूपताओं, विसंगतियों, कमियों को उसके यथार्थ रूप में रखने का प्रथम प्रयास प्रेमचन्द का था। उपन्यास की औपन्यासिकता प्रेमचन्द में आकर सिद्ध हुई। उनसे पूर्व किशोरी लाल गोस्वामी, गोपालराम गहमरी, देवकी नन्दन खत्री आदि द्विवेदी युग में भी सक्रिय थे। प्रेमचन्द का प्रस्थान बिन्दु यह युग था।

प्रेमचन्द ने जहाँ से लिखना शुरू किया वह अपनी मौलिक प्रवृत्तियों, पहचान व विशाल धाराप्रवाह के कारण यह युग कथा-साहित्य में प्रेमचन्द युग के नाम से हिंदी साहित्य में अंकित हुआ। पाप-पुण्य, अच्छे-बुरे से परे उन्होंने पात्रों की प्रवृतिगत चारित्रिकता को आधार बनाकर नए आधुनिक दृष्टिकोण से कथा-साहित्य को परिचित कराया। वहीं से उपन्यास जैसी विधा समाज की ज्वलन्त समस्याओं पर हाथ डाल सकी। उन्हें उपन्यासों में अपने समय का देखा-अनदेखा सच कहने का साहस था। 'सेवासदन', 'कायाकल्प', 'कर्मभूमि', 'रंगभूमि', 'गबन', 'गोदान' उनके महत्त्वपूर्ण उपन्यास हैं। प्रेमचन्द युग के अन्य कुछ प्रमुख उपन्यासकार जिन्होंने सृजनात्मकता के साथ-साथ साहसिकता के साथ समाज के मैलेपन को उघाड़ने का प्रयास किया। ये हैं—चतुरसेन शास्त्री, वृन्दावन लाल वर्मा, पाण्डेय

बेचन शर्मा 'उग्र', निराला, चण्डी प्रसाद हृदयेश, राधिकारमण प्रसाद सिंह, विश्वम्भरनाथ शर्मा 'कौशिक', भगवती प्रसाद वाजपेयी आदि।

प्रेमचन्द युग के बाद उपन्यास का चरित्र बदलना प्रारम्भ होता है। जैनेन्द्र मनोविज्ञान की पैनी नोक से व्यक्ति-प्रवृत्ति एवं उसके व्यवहार-विज्ञान का वर्णन न कर विश्लेषण करते हुए कथा का विन्यास रचते हैं। मौन की अभिव्यंजना का प्रभाव उपन्यास पर भी हुआ। कम-से-कम शब्दों में गहरे द्वन्द्वात्मक चीखों के प्रकटन को प्रेमचन्दोत्तर उपन्यास ने प्रस्तुत किया। काम और परिवार की कड़ी की पुनःसमीक्षा इन उपन्यासों का आधार रहा। यथार्थ को समझने के इत्मीनान ने इनका शिल्प तैयार किया। जैनेन्द्र के ही समभाव से अज्ञेय, इलाचन्द्र जोशी, उपेन्द्रनाथ अश्क ने भी इसी प्रकार के उपन्यास लिखे। जैनेन्द्र का 'त्यागपत्र', 'सुनीता', 'परख', अज्ञेय का 'शेखर एक जीवनी', इलाचन्द्र जोशी का 'संन्यासी', 'जहाज का पंछी' इस काल के महत्त्वपूर्ण मनोवैज्ञानिक उपन्यास हैं।

प्रेमचन्दोत्तर काल के बाद उपन्यास अनेक सरणियों में प्रवाहित हुआ। विविध विषय उसके आधार बने तथा अनेक अवधारणाओं, जैसे मार्क्सवाद, मनोविज्ञान, अस्तित्ववाद आदि से वह प्रभावित हुआ। नवलेखन व समकालीन उपन्यासकारों में देवराज (रोड़े और पत्थर, अजय की डायरी), नरेश मेहता (यह पथ बंधु था), लक्ष्मीकान्त वर्मा (खाली कुर्सी की आत्मा), श्रीलाल शुक्ल (राग दरबारी), राही मासूम रज़ा (आधा गाँव), शानी (काला जल), कृष्णा सोबती (डार से बिछुड़ी) का नाम महत्त्वपूर्ण है। इस युग के कुछ अन्य उपन्यासकार नागार्जुन, अमृतराय, भैरव प्रसाद गुप्त, कमलेश्वर, राजेन्द्र यादव, रामदरश मिश्र, उषा प्रियंवदा, मंजुल भगत आदि हैं।

निबन्ध

गद्य विधाओं के विकास क्रम में नाटक के बाद निबन्ध स्वतन्त्र व प्रभावपूर्ण ढंग से हिंदी साहित्य में सम्मिलित हुआ। भारतीय नवजागरण को खुले मंच पर अभिव्यक्त करने की व्यापक पहल इसी विधा के माध्यम से हुई। बांग्ला भाषा में विचारोत्तेजक लेख हिंदी में लिखे जाने से पूर्व प्रस्तुत थे। अतः इस विधा का प्रारूप व भाषागत व विषयगत दोनों रूपों में बांग्ला निबन्ध कर चुके थे जिनमें अंग्रेजियत का विवेक था। राष्ट्रीयता की भावना के साथ-साथ अंग्रेजी-साहित्य के माध्यम से जीवन के प्रति संघर्ष और उत्साह ने निबन्ध जैसी विधा का संस्कार किया। लेखकीय व्यक्तित्व की सबसे बड़ी साक्षी इस विधा ने पाश्चात्य सजगता से प्रभावित जागरूक लेखक की आवाज को जनमानस तक पहुँचाने का कार्य जितना सुगमता व तीव्रता किया उतना अन्य साहित्यिक विधाएँ नहीं कर पाईं। वस्तुतः विचारों को सपाटबयानी के लिए जितना स्थान निबन्ध में

था उतना अन्य साहित्य रूपों में नहीं था, दूसरा भारतीय जनता का शैक्षिक स्तर इतना निर्बल था कि साहित्य को समझने की निम्नतम सहृदयता भी वहाँ नहीं थी सो निबन्ध जैसी सरल किन्तु मारक विधा ऐसे अज्ञानता से भरे और जागरूकता के प्रति नवोत्साहित समाज के लिए सर्वाधिक कारगर साबित हुई।

आधुनिक हिंदी साहित्य का प्रवर्तक पुरुष भारतेन्दु हरिश्चन्द्र को एकमत से माना जाता रहा है। भारतेन्दु से पूर्व के हिंदी के उन्नायकों—राजा शिवप्रसाद 'सितारे हिन्द', राजा लक्ष्मण सिंह, पं. श्रद्धाराम फुल्लौरी ने हिंदी साहित्य की पीठिका तैयार अवश्य कर दी थी किन्तु हिंदी साहित्य के विषयों और भाषा-शिल्प पर सहमति अभी तक नहीं बन पाई थी। दृढ़ निश्चय व नीर-क्षीर विवेक के साथ हिंदी साहित्य की पहचान को निर्धारित करने का काम भारतेन्दु व उनके मण्डल का ही था। हालाँकि कुछेक विद्वानों ने राजा शिवप्रसाद 'सितारे हिन्द' के 'राजा भोज का सपना' एवं 'इतिहास तिमिर नाशक' को हिंदी के 'पहले निबन्ध' का दर्जा दिया है। किन्तु निबन्धात्मकता के पूरेपन तथा अनवरतता के साथ यह विधा जहाँ से शुरू होती है वह भारतेन्दु का ही काल था जिसने लेखकीय क्रान्ति को बदलाव की सफलता के साथ दर्ज किया। अनेक पत्र-पत्रिकाओं ने इसे हवा दी और इस समय निबन्ध में अद्भुत प्रौढ़ता अपने शैशव काल में ही आ गई थी। भारतेन्दु और उनके मण्डल के साहित्यकारों व समकालीन लेखकों के निबन्ध अधिकतर उनके स्वयं की पत्र-पत्रिकाओं के माध्यम से सामने आए। वस्तुतः इस समय का लगभग प्रत्येक साहित्यकार पत्रकार भी था, जो समय की माँग ही थी। इस युग के प्रमुख निबन्धकार थे—बालकृष्ण भट्ट, प्रतापनारायण मिश्र, बालमुकुन्द गुप्त, बद्रीनारायण चौधरी 'प्रेमघन', ठाकुर जगमोहन सिंह तथा राधाचरण गोस्वामी। जिन पत्र-पत्रिकाओं में इनके निबन्ध प्रकाशित हुए, ये हैं—'कविवचनसुधा', 'हरिश्चन्द्र मैगज़ीन' (भारतेन्दु), 'हिंदी प्रदीप' (बालकृष्ण भट्ट), 'ब्राह्मण' (बद्रीनारायण चौधरी 'प्रेमघन')। इनके अतिरिक्त अन्य पत्रिकाएँ जिन्होंने निबन्धों को प्रोत्साहित किया—'मित्र विलास', 'भारतबन्धु', 'भारतमित्र', 'हिन्दुस्तान', 'भारतोदय', 'अग्रवालोपकारक' आदि हैं।

भारतेन्दुयुगीन निबन्ध समकालीन समस्याओं, विसंगतियों, सामाजिक कुरीतियों, जड़ीभूत परम्पराओं के विरोध के साथ-साथ साहित्यिक, राजनीतिक, सांस्कृतिक, ऐतिहासिक यात्रावृत्तान्तों, ज्योतिष, दर्शन, धर्म इत्यादि को अपना विषय बनाकर चल रहे थे। 'कालचक्र', 'बादशाह', 'दर्पण', 'स्वर्ग में विचार सभा का अधिवेशन', 'होली', 'त्योहार', 'इंग्लैण्ड और भारतवर्ष', 'बंगभाषा की कविता', 'यमलोक की यात्रा', 'आँख', 'नाक', 'नेशनल कांग्रेस की दुर्दशा', 'समय समालोचना', 'नाटक', 'ज्योतिष', 'अंग्रेजों की बुद्धि', 'विवाह', 'हिन्दुओं से निवेदन' जैसे निबन्ध

उस समय के लेखक के ज्ञान व समाज-चिन्ता का परिचय देते हैं। इस समय के अधिकांश निबन्धों की शैली हास्य व्यंग्यात्मक व भावोत्तेजक थी।

द्विवेदी युग में भाव, विचार, लालित्य व भाषा का संस्कार हुआ। उनकी 'सरस्वती' पत्रिका ने गद्य के विविध रूपों में निबन्ध को भी जन प्रचारित व प्रकाशित करने का कार्य किया। भावुकता जन्य लालित्य के साथ वैचारिकता व गाम्भीर्य इस समय के निबन्धों की विशेषता रही। इसी समय निबन्ध के ही माध्यम से 'आलोचनात्मक निबन्धों' की शाखा भी उपजी जिनके माध्यम से समकालीन साहित्यकारों की कृतियों पर आलोचकीय मूल्यांकन तथा साहित्य के विविध रूपों के व्याख्यापरक निबन्ध लिखना भी प्रारम्भ हुआ। 'भाषा', 'व्याकरण', 'साहित्य की महत्ता', 'कवियों की उपेक्षिता', 'नारीपात्र', 'सच्ची वीरता', 'आचरण की सभ्यता', 'अमेरिका का मस्त जोगी वाल्ट ह्विटमैन' आदि निबन्ध के विषय रहे। इस युग के प्रमुख निबन्धकार थे—महावीरप्रसाद द्विवेदी, गोविन्दनारायण मिश्र, अध्यापक पूर्णसिंह, अयोध्यासिंह उपाध्याय 'हरिऔध', पद्मसिंह शर्मा, बाबू श्यामसुन्दर दास, गणेशशंकर विद्यार्थी इत्यादि।

आचार्य रामचन्द्र शुक्ल की प्रखर प्रतिभा व बहुमुखी सजगता ने निबन्ध को एक सशक्त विधा के रूप में स्थापित कर दिया। अपने चिन्तन व मनोवैज्ञानिक शैली में उन्होंने निबन्ध का महत्त्व इतना बढ़ा दिया कि साहित्य का कोई भी विषय उनके समय में निबन्ध से अछूता न रहा। उनके अधिकांश निबन्ध 'चिन्तामणि' (दो भागों) में संकलित हैं। उनके निबन्धों का एक और संकलन 'चिन्तामणि' (भाग-3) के नाम से निकला जिसका सम्पादन नामवर सिंह ने किया। शुक्ल जी की भाषा इतनी मँजी हुई थी कि साधारण-से-साधारण विषय को पूरी गम्भीरता प्रदान कर देती थी। उनके अधिकांश निबन्धों में समास व सूत्रात्मक शैली का प्रयोग हुआ। शुक्ल जी के अतिरिक्त बाबू गुलाबराय, पदुमलाल पुन्नालाल बख्शी, शान्तिप्रिय द्विवेदी, माखनलाल चतुर्वेदी, सियारामशरण गुप्त, मुंशी प्रेमचन्द, जयशंकर प्रसाद, महापण्डित राहुल सांकृत्यायन, सूर्यकान्त त्रिपाठी निराला आदि ने भी उल्लेखनीय निबन्ध लिखे।

'भ्रमरगीत सार', 'तुलसीदास', 'महाकवि सूरदास', 'ठलुआ क्लब', 'विश्व-साहित्य', 'हिंदी साहित्य विमर्श', 'काव्य और कला तथा अन्य निबन्ध', 'पुरातत्त्व निबन्धावली', 'चाबुक' जैसे विषयों पर निबन्ध रचे गए।

शुक्ल जी के बाद, प्रगतिशीलता और प्रयोगशीलता का समय प्रारम्भ हुआ। अनेक पाश्चात्य अवधारणाओं से प्रभावित होकर गद्य रचा जाने लगा। मानव की भूख, जरूरत, परेशानी साहित्य का मुख्य सबब बन गई। जिसने भाषा व कथ्य को लेकर प्रयोगधर्मिता को जन्म दिया। इस प्रयोगधर्मी प्रभाव को निबन्धों में भी देखा गया। शुक्लोत्तर युग में लगभग एक लाख से अधिक लेखकों ने निबन्ध

विधा को आजमाया और अनेक सुन्दर निबन्धों से हिंदी साहित्य को समृद्ध किया। इस युग के निबन्धकारों में मुख्य हैं—जैनेन्द्र कुमार, इलाचन्द्र जोशी, यशपाल, भगवती चरण वर्मा, अज्ञेय, हजारी प्रसाद द्विवेदी, रामविलास शर्मा, रामधारी सिंह दिनकर, प्रभाकर माचवे, विनयमोहन शर्मा, शिवदानसिंह चौहान, विद्यानिवास मिश्र।

हिंदी की अन्य विधाओं की तुलना में निबन्ध साहित्य का कोश समृद्ध है। किसी भी विधा के लेखक ने निबन्धकार के रूप में अपनी पहचान बनाई। आज भी समसामयिक विषयों पर प्रतिदिन निबन्ध लिखे जा रहे हैं।

आलोचना

आधुनिक सोच के साथ नवविधाओं की रचना के संग ही रचनाकारों ने रूपलेख एवं समसामयिक विषयों तथा परम्परागत विषयों के पुनर्मूल्यांकन का कार्य भी किया। भारतेन्दु युग से यह कार्य 'आलोचना' विधा के रूप में पहचान बना पाया। भारतेन्दु के 'नाटक' निबन्ध से सैद्धान्तिक आलोचना का सूत्रपात माना जाता है। यह निबन्ध आधुनिकता के प्रवेश का घोषणा-पत्र था। संस्कृत परम्पराओं के निर्वाह की अनुपयोगिता वर्तमान साहित्य में सिद्ध कर भारतेन्दु ने नवजागरण की नींव डाली। आधुनिक विवेक के इस प्रवाह ने भारतेन्दु के समय में ही गति पकड़ ली थी। 'हिंदी प्रदीप', आलोचना प्रकाशित करने वाला प्रमुख पत्र था। मूल्यांकन के नवीन मानदण्डों के अतिरिक्त आलोचना, पुस्तक समीक्षा, लक्षण ग्रन्थों की सैद्धान्तिक समीक्षा, टीकाओं, कवि-परिचयों के रूप में विकसित हुई। बालकृष्ण भट्ट तथा प्रतापनारायण मिश्र भारतेन्दु युग के प्रमुख आलोचक थे।

द्विवेदी युग में आलोचना के भाषा संस्कार के अतिरिक्त आलोचना में विश्लेषण-अन्वेषण की मात्रा में वृद्धि हुई जिसके परिणामस्वरूप आलोचना के पूर्व रूपों में तुलनात्मक आलोचना, अनुसन्धानपरक आलोचना तथा व्याख्यात्मक आलोचना का समावेश हुआ। आलोचना के लिए, 'समालोचना', 'समीक्षा' आदि शब्दों का चलन इसी युग में हुआ। परम्परागत और आधुनिक दृष्टि का आपसी विरोध इस युग की 'आलोचना' में घना हुआ था।

विषयों की विविधता द्विवेदी युग में बढ़ी। द्विवेदी युग में मिश्रबन्धुओं का आलोचना कर्म इतिहास (मिश्रबन्धु विनोद) के रूप में सामने आता है। कवि परिचय उनकी विशेषता रही तो रीतिकालीन संस्कार उनकी कमी। पद्मसिंह शर्मा, कृष्ण बिहारी मिश्र, लाला भगवानदीन इस युग के प्रभावशाली आलोचक हैं। हालाँकि शुक्ल जी के प्रारम्भिक निबन्ध भी इसी युग में 1912 ई. से 1919 ई. तक नागरी प्रचारिणी पत्रिका में प्रकाशित हो चुके थे।

छायावाद तक आते-आते शुक्ल जी का परिपूर्ण आलोचक रूप प्रकट होता है जिसने आलोचना को नई दिशा और दशा प्रदान की। गहन, गम्भीर, तार्किक

विवेचन उनकी आलोचना का संचालक रहा तो उसकी अभिव्यक्ति का माध्यम संश्लिष्ट, सूत्रात्मक समास शैली। कम-से-कम शब्दों में अर्थ गूँथने की कला की शुरुआत शुक्ल जी की बड़ी देन है। आलोचक धर्म के प्रति शुक्ल जी की दृष्टि में किसी प्रकार का उलझाव दिखाई नहीं पड़ता। एक ओर साहित्य के लिए 'लोकमंगल' को उद्देश्य मानकर चलते हैं तो दूसरी ओर साहित्य को साहित्य बनाए रखने के लिए साहित्य से बाहर के मूल्यों का प्रवेश साहित्य में निषेध मानता है। 'कविता क्या है?' में लिखते हैं "सुन्दर और कुरूप काव्य में बस ये दो ही नए पक्ष हैं। भला-बुरा, शुभ-अशुभ, पाप-पुण्य, मंगल-अमंगल, अनुपयोगी ये सब शब्द काव्य-क्षेत्र के बाहर के हैं।" धर्म, अध्यात्म और घोर उपयोगितावाद साहित्य से बाहर की चीज थी। तुलसी उनके प्रिय कवि और उनका 'रामचरितमानस' प्रिय रचना। अपनी काव्य-सम्मत अवधारणाओं का आधार उसी को माना। 'रस मीमांसा', 'चिन्तामणि' और 'हिंदी साहित्य का इतिहास' में उनकी आलोचना दृष्टि को देखा जा सकता है। शुक्ल जी के अतिरिक्त लक्ष्मीनारायण सुधांशु (काव्य में अभिव्यंजनावाद), डॉ. रसाल (आलोचनादर्श), डॉ. रामकुमार वर्मा (साहित्य समालोचना), कृष्णशंकर शुक्ल (केशव की काव्य-कला, कविवर रत्नाकर), विश्वनाथ प्रसाद मिश्र (बिहारी की वाग्विभूति), इस युग के प्रमुख आलोचक हैं।

'शुक्लोत्तर आलोचना' के बाद 'आलोचना' विविध रूपों में सामने आई। अनेकानेक अवधारणाओं की स्वीकृति हिंदी साहित्य दे चुका था उसी के प्रभाव स्वरूप आलोचना कर्म भी गतिशील हुआ। शुक्ल जी के शिष्य नन्ददुलारे वाजपेयी ने छायावाद का मूल्यांकन सौन्दर्यबोधात्मक मूल्यों की दृष्टि से किया। छायावाद से ही उनका आलोचना कर्म प्रारम्भ हो चुका था। वाजपेयी जी को सौष्ठववादी आलोचक माना जाता है। 'आधुनिक साहित्य', 'नया साहित्य : नए प्रश्न', 'कवि निराला', 'प्रकीर्णिका', 'राष्ट्रीय साहित्य तथा अन्य निबन्ध' छायावादोत्तर काल की उनकी रचनाएँ हैं। छायावादोत्तर काल के दूसरे बड़े आलोचक हजारी प्रसाद द्विवेदी हैं। जातीय परम्परा और सांस्कृतिक बोध उनके चिन्तन के केन्द्र में रहा। 'हिंदी साहित्य की भूमिका', 'सूर साहित्य', 'कबीर' उनकी प्रमुख रचनाएँ हैं। डॉ. नगेन्द्र रसवादी आलोचक हैं। वे समीक्षा में साहित्यिक मूल्यों के पक्षधर रहे। 'रस सिद्धान्त', 'सुमित्रानन्दन पन्त', 'साकेत एक अध्ययन', 'रीतिकाव्य की भूमिका', 'देव और उनकी कविता' उनकी प्रमुख रचनाएँ हैं।

मार्क्सवादी आलोचना का आधार मार्क्स द्वारा प्रतिपादित सिद्धान्त थे। आम आदमी के हित हेतु और पूँजीवादी व्यवस्था के विरोध में मार्क्सवाद हिंदी साहित्य में प्रगतिवाद के रूप में सामने आया। उसी के समानान्तर मार्क्सवादी आलोचना की शुरुआत हुई। शिवदानसिंह चौहान (प्रगतिवाद, साहित्य की परख, आलोचना

के मान, साहित्य की समस्याएँ), प्रकाशचन्द्र गुप्त (नया हिंदी साहित्य, आधुनिक हिंदी साहित्य, हिंदी साहित्य की जनवादी परम्परा), डॉ. रामविलास शर्मा (प्रगति और परम्परा, प्रगतिशील साहित्य की समस्याएँ, आस्था और सौन्दर्य) इस धारा के प्रमुख आलोचक एवं रचनाएँ हैं।

अज्ञेय, इलाचन्द्र जोशी, देवराज उपाध्याय के नाम मनोविश्लेषणात्मक आलोचकों में उल्लेखनीय हैं। फ्रायड, एडलर, युंग की मान्यताओं को इस वर्ग ने अपना आधार बनाया। 'त्रिशंकु', 'साहित्यसर्जना', 'विवेचना', 'साहित्य सन्तरण' इस धारा की प्रमुख रचनाएँ हैं।

साहित्य के मानदण्डों, बदलते मूल्यों को मूर्त रूप देने व उन्हें हिंदी साहित्य में स्थापित करने का कार्य सैद्धान्तिक आलोचना द्वारा किया गया। विशुद्ध आलोचकों के साथ-साथ रचनाकार आलोचकों ने भी अपने साहित्य सम्बन्धी विचारों का निरूपण किया। अज्ञेय–'त्रिशंकु', 'आत्मनेपद' और 'हिंदी साहित्य एक आधुनिक परिदृश्य', मुक्तिबोध–'साहित्यिक की डायरी', गिरिजाकुमार माथुर–'नई कविता : सीमाएँ और सम्भावनाएँ', धर्मवीर भारती–'मानव-मूल्य और साहित्य' आदि सैद्धान्तिक आलोचना की मानक रचनाएँ हैं।

विनय मोहन, डॉ. सत्येन्द्र, डॉ. माता प्रसाद गुप्त, भगीरथ मिश्र, विजयेन्द्र स्नातक, उदयभानु सिंह, लक्ष्मीसागर वार्ष्णेय, दशरथ ओझा, रामचन्द्र तिवारी, नामवर सिंह, रामस्वरूप चतुर्वेदी आदि छायावादोत्तर युग के प्रमुख आलोचक हैं।

कहानी

भारत में कहानी कहने की परम्परा अत्यन्त प्राचीन है किन्तु गद्य की एक विधा के रूप में हिंदी कहानी का प्रवेश बीसवीं शताब्दी के आरम्भ में होता है। हिंदी कहानी के विकास में 'सरस्वती' पत्रिका का अप्रतिम योगदान है। 'सरस्वती' के प्रकाशन से पूर्व हिंदी कहानियों का अस्तित्व नहीं था। हिंदी की प्रारम्भिक कहानियों में इंशा अल्ला खाँ की 'रानी केतकी की कहानी', बंगमहिला की 'दुलाई वाली', किशोरी लाल गोस्वामी की 'इन्दुमती', रामचन्द्र शुक्ल की 'ग्यारह वर्ष का समय', मास्टर भगवान दास की 'प्लेग की चुड़ैल', गिरिजादत्त वाजपेयी की 'पण्डित और पण्डितानी' आदि कहानियों का नाम लिया जाता है। किन्तु कहानी की एक उपलब्धि के रूप में चन्द्रधर शर्मा गुलेरी की कहानी 'उसने कहा था' सन् 1915 में प्रकाशित हुई। युद्ध की पृष्ठभूमि में प्रेम की गहराइयों को छूती यह कहानी संवेदना और शिल्प के धरातल पर अपना सानी नहीं रखती। इसी के आसपास प्रेमचन्द की कहानियाँ प्रकाशित होने लगी थीं। प्रेमचन्द हिंदी कहानी के 'सम्राट' के रूप में प्रतिष्ठित हुए। प्रेमचन्द की 'ईदगाह', 'पंच परमेश्वर', 'पूस की रात', 'बेटों वाली विधवा', 'शतरंज के खिलाड़ी', 'कफन' आदि कहानियाँ

हिंदी साहित्य की श्रेष्ठतम कहानियाँ हैं। प्रेमचन्द ने जीवन की विविध वास्तविक घटनाओं और समस्याओं को अपनी कहानियों में चित्रित करते हुए आदर्श की प्रतिष्ठा की है। प्रेमचन्द ने समाज के व्यापक हित को ध्यान में रखते हुए अपनी कहानियों की रचना की। उनकी अधिकांश कहानियाँ गाँव और कस्बाई जिन्दगी, सत्याग्रह आन्दोलन, स्कूल-कॉलेज के वातावरण, जमींदारों-साहूकारों के शोषण, सरकारी नौकरी करने वालों के परिवेश इत्यादि से निकली हैं। प्रेमचन्द की कहानियों की भाषा आम बोल-चाल की तथा मुहावरेदार थी, जिसमें सहजता, सरलता और रोचकता का पुट था। आगे आने वाली हिंदी कहानी की समस्त प्रवृत्तियों को प्रेमचन्द की कहानियों ने प्रभावित किया। प्रेमचन्द के समकालीन कहानीकारों में जयशंकर प्रसाद, सुदर्शन, विश्वम्भरनाथ शर्मा कौशिक, चतुरसेन शास्त्री आदि कहानीकारों का नाम आता है। प्रसाद की 'आकाशदीप', 'गुण्डा', 'पुरस्कार', 'मधुआ' आदि कहानियाँ प्रसिद्ध हैं। इनकी अधिकांश कहानियों में अतीत को आधार बनाया गया है जिनमें अन्तर्मन के द्वन्द्व को प्रधानता मिली है।

प्रेमचन्द के बाद हिंदी कहानी मुख्यतः दो धाराओं में बँट गई। एक, प्रगतिवादी कहानी, जिसमें साम्यवादी दर्शन को आधार बनाया गया और दूसरी व्यक्तिवादी कहानी, जिसमें मनोविश्लेषणवाद का सहारा लिया गया। प्रगतिवादी कहानीकारों में यशपाल, राहुल सांकृत्यायन, रांगेय राघव, उपेन्द्रनाथ अश्क आदि उल्लेखनीय हैं तो व्यक्तिवादी मनोविश्लेषणवादी कहानीकारों में जैनेन्द्र, अज्ञेय, इलाचन्द्र जोशी आदि प्रमुख हैं। जैनेन्द्र ने मनुष्य-मन के संघर्षों, शंकाओं का अंकन किया है। 'पाजेब', 'नीलम देश की राजकन्या' आदि उनकी प्रसिद्ध कहानियाँ हैं। यशपाल की कहानियों में नारी के प्रति सहानुभूति, नवीन मान्यताओं की स्थापना और रूढ़ियों के प्रति तीखा विद्रोह मिलता है। ये किसी सामाजिक या नैतिक रूढ़ि पर तीखा प्रहार कर उसका खोखलापन दिखाते हुए पाठक को झकझोर देते हैं। 'करवा का व्रत', 'मक्रील' आदि इनकी प्रसिद्ध कहानियाँ हैं।

स्वतन्त्रता के बाद की कहानियाँ आधुनिक भाव-बोध की कहानियाँ हैं। मोहभंग इस युग का मुख्य स्वर है जो आमजन के अन्तर्द्वन्द्व, संघर्ष, निराशा और मानसिक घात-प्रतिघात को लेकर चला है। हिंदी कहानी के क्षेत्र में 'नई कहानी' आन्दोलन 1956 ई. के आस-पास आरम्भ होता है। नई कहानी में 'अनुभव की प्रत्यक्षता' पर बल दिया गया जिसमें बात को कहने का सीधा-सादा ढंग था, प्रतीकों और मिथकों का सहारा कम-से-कम। नई कहानी आन्दोलन में मुख्य भूमिका तीन कहानीकारों की रही—मोहन राकेश, राजेन्द्र यादव और कमलेश्वर। अन्य कहानीकारों में निर्मल वर्मा, अमरकान्त, शेखर जोशी, मुक्तिबोध, नागार्जुन, भीष्म साहनी, रघुवीर सहाय, रामदरश मिश्र, मन्नू भण्डारी, उषा प्रियंवदा, कृष्णा सोबती, धर्मवीर भारती, श्रीकान्त वर्मा, रमेश बक्षी भी सक्रिय रूप से इस

आन्दोलन से जुड़े। छठे दशक में ग्रामांचल की कहानियों ने भी पाठकों का ध्यान अपनी ओर आकर्षित किया। ऐसे कहानीकारों में फणीश्वरनाथ रेणु, शिवप्रसाद सिंह और मार्कण्डेय का नाम प्रमुख है। इन कहानियों में ग्राम्य वातावरण को पूरी चित्रात्मकता के साथ उकेरा गया है। रेणु की 'तीसरी कसम' इस दृष्टि से उत्कृष्ट कहानी है। नई कहानी आन्दोलन के अन्तर्गत भाषा, शैली, संवेदना आदि सभी स्तरों पर कहानी ने अपने-आप को निखारा। 'परिन्दे' (निर्मल वर्मा), 'मलबे का मालिक' (मोहन राकेश), 'जिन्दगी और जोंक' (अमरकान्त), 'गदल' (रांगेय राघव), 'वापसी' (उषा प्रियंवदा), 'राजा निरबंसिया' (कमलेश्वर) आदि इस आन्दोलन की महत्त्वपूर्ण कहानियाँ हैं।

सातवें दशक की हिंदी कहानी 'सचेतन कहानी', 'अकहानी' जैसे कई वादों-विवादों और आन्दोलनों से घिरी। इस दशक की कहानी का मुख्य स्वर विद्रोह का था जो जीवन और जगत की प्रत्येक वस्तु से था तथा जिसका कारण खोखले आदर्शों से उपजी मूल्यहीनता थी। इस दशक के मुख्य कहानीकार ज्ञानरंजन, गंगा प्रसाद विमल, गिरिराज किशोर, दूधनाथ सिंह, ममता कालिया, काशीनाथ सिंह, महीप सिंह, रवीन्द्र कालिया, शानी आदि हैं। शानी ने अपनी कहानियों में महानगर के मध्यवर्गीय जीवन का चित्रण किया है। स्त्री से सम्बन्धित सामाजिक विसंगतियों और समस्याओं को शानी ने मुखरित किया है। इन्होंने समाज के नैतिक पतन के प्रति तीखा क्षोभ व्यक्त किया है।

आठवें और नौवें दशक की कहानी को भी 'समानान्तर कहानी', 'जनवादी कहानी', इत्यादि नाम दिए गए। इन दशकों में कहानी अपनी नई दिशा बनाकर चली है जिसमें सामाजिक सरोकारों को मुख्य स्थान मिला है। कहानी ने समाज में दलित और स्त्री उत्पीड़न, रूढ़ियों और अमानवीयता के प्रति विरोध दर्ज कराया है। इस समय का कहानीकार प्रेमचन्द को अपना आदर्श मानता है। उदय प्रकाश, पंकज बिष्ट, राजेश जोशी, अब्दुल बिस्मिल्लाह, असगर वजाहत, अखिलेश, मैत्रेयी पुष्पा, चित्रा मुद्गल, प्रयाग शुक्ल, स्वयं प्रकाश आदि कहानीकारों ने नए-नए प्रयोगों द्वारा कहानी को समृद्ध किया है। 'व्यंग्य कथा', 'फैंटेसी' आदि कुछ अच्छे प्रयोग श्रीलाल शुक्ल, हरिशंकर परसाई, रवीन्द्रनाथ त्यागी, मनोहर श्याम जोशी आदि ने किए हैं।

वर्तमान समय में हिंदी कहानी में दलित लेखन और महिला लेखन के नए नारे जुड़े हैं। जिनकी कुछ विशेषताएँ हैं तो कुछ सीमाएँ भी हैं। आज की कहानी बाजारवादी संस्कृति, आर्थिक विषमता, यन्त्रीकरण के बढ़ते प्रभाव, सामाजिक सम्बन्धों के बनावटीपन से संघर्ष करते हुए अर्थात् अपने ही परिवेश को रचते हुए, नई सृजन की सम्भावनाएँ तलाशने में जुटी हुई है।

नाटक

आधुनिक हिंदी गद्य साहित्य की शुरुआत ही नाटक से होती है। वैसे तो भारत में संस्कृत में नाटकों की समृद्ध परम्परा देखने को मिलती है किन्तु हिंदी साहित्य के इतिहास के प्रथम तीन युगों--आदिकाल, भक्तिकाल और रीतिकाल में नाटक का सर्वथा अभाव है। आधुनिक काल में नाटक की शुरुआत पारसी रंगमंच से होती है, जो व्यावसायिकता और अतिरंजना से भरपूर थे। इसमें गम्भीर-से-गम्भीर विषय को भी इश्किया शैली में प्रस्तुत किया जाता था। ऐसे समय में भारतेन्दु हरिश्चन्द्र नाटक को साहित्य का प्रमुख माध्यम बनाते हैं। उन्होंने खड़ी बोली गद्य में 'नाटक' नामक लम्बा निबन्ध भी लिखा जिसमें नाटक के सिद्धान्त-निरूपण का प्रयास किया गया है। राजा विश्वनाथ सिंह के 'आनन्द रघुनन्दन' और भारतेन्दु के पिता गोपालचन्द्र गिरधरदास के 'नहुष' को भारतेन्दु-पूर्व हिंदी नाटकों में गिना जाता है।

भारतेन्दु के नाटक हिंदी नाटक और रंगमंच के आरम्भिक बिन्दु हैं जहाँ से हिंदी नाटक अपनी यात्रा शुरू करता है। भारतेन्दु नाट्य-रचना के साथ-साथ मंचन में भी रुचि लेते थे। इसके लिए उन्होंने अपने सहयोगी लेखकों को भी प्रेरित किया। यही कारण है कि भारतेन्दु युग में नाटकों की एक विशाल धारा देखने को मिलती है। इस युग में प्रायः सभी प्रकार के—पौराणिक, ऐतिहासिक, धार्मिक, सामाजिक, प्रेमपरक नाटक लिखे गए जिनमें उपदेशात्मकता की प्रवृत्ति प्रधान है। 'भारत दुर्दशा', 'नीलदेवी', 'सती प्रताप', 'सत्य हरिश्चन्द्र', 'चन्द्रावली' आदि भारतेन्दु के प्रसिद्ध नाटक हैं। 'अंधेर नगरी' प्रहसन लिखकर भारतेन्दु ने व्यंग्य विधा की नींव डाली। अन्य उल्लेखनीय नाटकों में लाला श्रीनिवास दास का 'प्रहलाद चरित', 'रणधीर प्रेम मोहिनी', राधाकृष्ण दास का 'दुःखिनी बाला', 'महाराणा प्रताप', अम्बिकादत्त व्यास का 'गो-संकट', बालकृष्ण भट्ट का 'नल-दमयन्ती', 'शिशुपाल-वध', प्रतापनारायण मिश्र का 'भारत दुर्दशा', 'हमीर हठ' आदि आते हैं। वस्तुतः भारतेन्दु युग के नाटकों का प्रमुख उद्देश्य मनोरंजन के साथ-साथ जनता को सचेत करते हुए उसमें आत्मविश्वास पैदा करना था। पारसी रंगमंच की धारा भी भारतेन्दु युग के समानान्तर चल रही थी। नारायण प्रताप बेताब, राधेश्याम कथावाचक, आगाहश्र कश्मीरी आदि इसके प्रमुख नाटककार थे। पारसी रंगमंच का दौर मुख्य रूप से 1930 ई. तक बना रहा।

भारतेन्दु के पश्चात् हिंदी नाटकों की धारा कुछ समय के लिए क्षीण हो गई जिसे जयशंकर प्रसाद ने पुनर्जीवित किया। प्रसाद के नाटकों का फलक अत्यन्त विस्तृत है। वे सामान्यतः स्वर्णिम अतीत को माध्यम बना वर्तमान और भविष्य की समस्याओं को रेखांकित करते हुए उनका समाधान भी प्रस्तुत करते हैं। यही कारण है कि उनके नाटक आज भी प्रासंगिक बने हुए हैं। 'स्कन्दगुप्त',

'चन्द्रगुप्त', 'ध्रुवस्वामिनी', 'अजातशत्रु', 'जनमेजय का नागयज्ञ' इत्यादि उनके प्रसिद्ध नाटक हैं। जिनमें राष्ट्र, धर्म, जाति, समाज, स्त्री इत्यादि से सम्बन्धित समस्याओं को मुखरता प्राप्त हुई है। इस युग में नाटक लिखे तो गए किन्तु उनका मंचन नहीं हो सका। यहाँ आकर नाटक मंचीय नाटक और पाठ्य नाटक—दो श्रेणियों में बँट गया। वस्तुतः प्रसाद को अपने नाटकों के अनुकूल मंच उपलब्ध नहीं हो सका।

प्रसाद के नाटकों की परम्परा को हरिकृष्ण प्रेमी ने आगे बढ़ाया। 'विदा', 'रक्षाबन्धन', 'शिवा-साधना', 'प्रतिशोध' इनके प्रसिद्ध नाटक हैं। प्रसाद के बाद समस्या नाटकों का भी प्रवर्तन हुआ। समस्या नाटक लिखने वालों में लक्ष्मीनारायण मिश्र का स्थान प्रमुख है। 'राक्षस का मन्दिर', 'संन्यासी', 'मुक्ति का रहस्य' आदि इनके प्रमुख नाटक हैं। उदयशंकर भट्ट, वृन्दावन लाल वर्मा, सेठ गोविन्ददास आदि ने भी इस अवधि में नाटक लिखे। ये सभी नाटक अपने उद्देश्य की दृष्टि से महत्त्वपूर्ण हैं किन्तु मंचोपयुक्त नहीं हैं।

अन्य गद्य विधाओं की भाँति स्वातंत्र्योत्तर नाटक भी स्वयं को आधुनिकता बोध से युक्त करता है। इस कार्य में उपेन्द्रनाथ अश्क के 'अंजो दीदी', जगदीशचन्द्र माथुर के 'कोणार्क', 'शारदीया', धर्मवीर भारती का 'अंधा युग', मोहन राकेश के 'आषाढ़ का एक दिन', 'लहरों के राजहंस', 'आधे-अधूरे', लक्ष्मीनारायण लाल के 'मिस्टर अभिमन्यु', 'अंधा कुआँ', 'मादा कैक्टस' आदि महत्त्वपूर्ण भूमिका अदा करते हैं। अभिनय की दृष्टि से भी यह नाटक भारतीय रंगमंच पर अपनी एक पहचान बनाते हैं। मोहन राकेश जैसे नाटककारों के प्रयासों से नाटक और रंगमंच के बीच चल रहा अवरोध यहाँ आकर कम हो जाता है।

मोहन राकेश के बाद के हिंदी नाटक को समकालीन नाटक कहा जाता है। यह नाटक लोक नाट्यों की तरफ मुड़कर नए-नए प्रयोग करता है तथा जीवन की विसंगतियों, तनावों, सम्बन्धों की टूटन, राजनीतिक-सामाजिक जीवन का भ्रष्टाचार और इन सबके बीच जीने की राह की तलाश—सबको लेकर चला है। इस दृष्टि से भीष्म साहनी के 'कबिरा खड़ा बाजार में', 'हानूश', 'माधवी', ज्ञानदेव अग्निहोत्री का 'शुतुरमुर्ग', सर्वेश्वरदयाल सक्सेना का 'बकरी', मुद्राराक्षस का 'मरजीवा', सुरेन्द्र वर्मा का 'द्रौपदी', 'आठवाँ सर्ग', रमेश बक्षी का 'देवयानी का कहना है', मणि मधुकर का 'रस गंधर्व', शंकर शेष के 'एक और द्रोणाचार्य', 'कोमल गांधार', गिरिराज किशोर का 'प्रजा ही रहने दो', बृजमोहन शाह का 'त्रिशंकु', मन्नू भण्डारी का 'बिना दीवारों का घर', मृणाल पाण्डे का 'जो रामरचि राखा' आदि नाटक महत्त्वपूर्ण बन पड़े हैं। सभी नाटककारों ने जीवन के नवीन सन्दर्भों और स्थितियों में उपजे मानसिक असन्तोष और आक्रोश को वाणी दी है। लोक नाट्य शैली की दृष्टि से हबीब तनवीर का 'आगरा बाजार' काफी प्रसिद्ध

नाटक है।

नये नाटककारों में स्वदेश दीपक, कुसुम कुमार, रामेश्वर प्रेम, शरद जोशी, कृष्ण बलदेव वैद, महेन्द्र भल्ला, गिरीश रस्तोगी, मीराकान्त, प्रभाकर श्रोत्रिय इत्यादि ने अपनी बौद्धिक-राजनीतिक जागरूकता का परिचय देने के साथ-साथ ही नवीन मानवीय सम्बन्धों के तनाव, टूटन, असन्तोष को भी नवीन दृष्टि से देखा और परखा है। इन सबसे अलग नुक्कड़ नाटकों की भी अपनी एक विशेष पहचान बनी जिसमें सफदर हाशमी का प्रमुख योगदान है। रा.ना.वि. के निर्देशकों, अभिनेताओं ने साहित्य के इस जनतान्त्रिक माध्यम की क्षमताओं को विकसित करने में काफी योगदान दिया है।

एकांकी

एकांकी से अभिप्राय एक अंक वाले नाटक से है। यह विधा हिंदी साहित्य के लिए बिल्कुल नई नहीं है। संस्कृत में रूपक के भेदों के अन्तर्गत अंक, भाण, वीथी आदि एक अंक वाले नाटकों का वर्णन किया गया है, किन्तु उस समय इनका प्रचलन कम था। आधुनिक युग में पश्चिमी साहित्य के प्रभाव स्वरूप एकांकी हिंदी साहित्य में आया। वस्तुतः आधुनिक युग में जीवन के प्रति बौद्धिक दृष्टिकोण, व्यस्तता, संघर्ष, तनाव इत्यादि के कारण एकांकी उपयुक्त भी सिद्ध हुआ।

हिंदी साहित्य में पश्चिमी एकांकी की तर्ज पर एकांकी नाटकों की रचना सन् 1930 ई. के आस-पास आरम्भ हुई। इस क्रम में सबसे पहला नाम प्रसाद के 'एक घूँट' (1929) का आता है। विद्वानों ने इसके रूप-विधान को आधुनिक एकांकी के निकट माना है। इसके पश्चात् 1930 ई. में रामकुमार वर्मा का 'बादल की मृत्यु' एकांकी संग्रह आता है। पाश्चात्य ढंग के एकांकी का सूत्रपात करने का श्रेय भुवनेश्वर के 'कारवाँ' नामक एकांकी संग्रह को दिया जाता है। 'श्यामा', 'प्रतिमा का विवाह' इस संग्रह के प्रसिद्ध एकांकी हैं। इन एकांकियों में जीवन और समाज की अनेक विसंगतियों को रेखांकित किया गया है। रामकुमार वर्मा के अन्य प्रसिद्ध एकांकी संग्रह 'पृथ्वीराज की आँखें', 'रेशमी टाई', 'चारुमित्रा' इत्यादि हैं। इस अवधि के अन्य एकांकीकारों में गणेश प्रसाद द्विवेदी, जगदीश चन्द्र माथुर, उदयशंकर भट्ट, उपेन्द्रनाथ अश्क, लक्ष्मीनारायण मिश्र, सेठ गोविन्द दास आदि हैं। जगदीश चन्द्र माथुर का 'भोर का तारा', उपेन्द्रनाथ अश्क के 'सूखी डाली', 'छठा बेटा', 'लक्ष्मी का स्वागत', 'चरवाहे', 'पर्दा उठाओ पर्दा गिराओ', भुवनेश्वर के 'स्ट्राइक' आदि काफी लोकप्रिय हुए। इन सभी एकांकीकारों ने मध्यवर्गीय जीवन की विविध समस्याओं, सामाजिक विसंगतियों, स्त्री-पुरुष सम्बन्धों की विषमता, सूक्ष्म मनःस्थितियों का विश्लेषण इत्यादि प्रवृत्तियों को

उभारा है।

भारत में आकाशवाणी के अस्तित्व में आने के बाद एकांकीकारों को रेडियो पर अपने एकांकी प्रसारित करने का अवसर प्राप्त हुआ जिससे इस विधा को प्रोत्साहन मिला। स्वातन्त्र्योत्तर एकांकीकारों में विष्णु प्रभाकर, डॉ. लक्ष्मीनारायण लाल, धर्मवीर भारती, नरेश मेहता, मोहन राकेश, विनोद रस्तोगी, रेवतीरमण शर्मा, चिरंजीत, भारतभूषण अग्रवाल, ममता कालिया, सिद्धनाथ कुमार, विपिनकुमार अग्रवाल, स्वदेश दीपक आदि उल्लेखनीय हैं। विष्णु प्रभाकर के एकांकी–'प्रकाश और परछाईं', 'इन्सान', 'ऊँचा पर्वत गहरा सागर' आदि सामाजिक एकांकी हैं जिनमें आदर्श और नैतिकता की स्थापना की गई है। लक्ष्मीनारायण लाल के एकांकी संग्रह–'ताजमहल के आँसू', 'नाटक बहुरंगी', 'दूसरा दरवाजा' काफी प्रसिद्ध हुए। डॉ. लाल ने सामाजिक यथार्थ के चित्रण के साथ-साथ रंगमंचीय सार्थकता में एक साथ सफलता पाई है। इसके अतिरिक्त धर्मवीर भारती के 'नदी प्यासी थी', मोहन राकेश के 'अण्डे के छिलके', गिरिजाकुमार माथुर के 'उम्रकैद' आदि एकांकी संग्रह काफी लोकप्रिय हुए।

रेडियो एकांकी के साथ-साथ दूरदर्शन एकांकी भी अत्यधिक संख्या में लिखे गए। ध्वनि रूपक, एकपात्रीय एकांकी, मैलोड्रामा, फैंटेसी आदि भी एकांकी के ही अन्य रूप हैं। इधर लघु नाटक लिखने की प्रवृत्ति भी बढ़ रही है। कुल मिलाकर कहा जा सकता है कि आधुनिक जीवन की व्यस्तता बढ़ने के साथ-साथ मनोरंजन के क्षण भी कम होते जा रहे हैं। ऐसे में किसी विशिष्ट क्षण का समग्रता में बोध करवा के मनोरंजन करने की दृष्टि से एकांकी अपने आप में एक सार्थक विधा है।

यात्रावृत्तान्त

हिंदी साहित्य में यात्रावृत्तान्त लिखने की प्रवृत्ति भारतेन्दु युग में ही दृष्टिगोचर होती है। भारतेन्दु हरिश्चन्द्र ने 'सरयूपार की यात्रा', 'मेहदावल की यात्रा', 'लखनऊ की यात्रा' आदि शीर्षकों से बड़े सजीव और रोचक यात्रावृत्तान्त लिखे जो समय-समय पर 'कविवचनसुधा' में प्रकाशित होते थे। किन्तु उस समय यात्रावृत्तान्त अलग से कोई विधा नहीं थी, अतः इन यात्रावृत्तान्तों को निबन्ध में ही समाविष्ट कर लिया गया। बालकृष्ण भट्ट और प्रतापनारायण मिश्र ने भी 'गया यात्रा' और 'विलायत यात्रा' नामक यात्रावृत्तान्त लिखे। भारतेन्दु युग के बाद यात्रावृत्तान्त लिखने की अखण्ड परम्परा देखने को मिलती है। स्वामी सत्यदेव परिव्राजक की 'मेरी कैलाश यात्रा' और 'मेरी जर्मन यात्रा', देवी प्रसाद खत्री की 'रामेश्वर यात्रा', पं. कन्हैयालाल मिश्र की 'हमारी जापान यात्रा' आदि यात्रावृत्तान्तों में रोचक शैली में विविध अनुभवों को सँजोया गया है।

राहुल सांकृत्यायन को यात्रावृत्तान्त लेखकों में अप्रतिम माना जाता है। इनके द्वारा लिखित 'मेरी तिब्बत यात्रा', 'मेरी लद्दाख यात्रा', 'किन्नर देश में', 'रूस में पच्चीस मास' आदि हिंदी साहित्य के महत्त्वपूर्ण यात्रावृत्तान्त हैं जो भाषा, शैली तथा अनुभवों के वैविध्य-विस्तार के कारण अत्यधिक रोचक बन पड़े हैं। राहुल जी ने 'घुम्मकड़ शास्त्र' नामक एक ग्रन्थ में घुमक्कड़ी के उद्देश्यों पर भी प्रकाश डाला है।

स्वातन्त्र्योत्तर युग में भारत के विश्व के विभिन्न देशों के साथ राजनीतिक-सांस्कृतिक सम्बन्ध बने जिससे साहित्यकारों को भी देश-विदेश की यात्राएँ करने के अवसर सुलभ हुए, परिणामस्वरूप स्वतन्त्रता के बाद यात्रावृत्तान्त साहित्य काफी समृद्ध हुआ। रामवृक्ष बेनीपुरी की 'पैरों में पंख बाँधकर', और 'उड़ते चलो उड़ते चलो', अज्ञेय की 'अरे यायावर रहेगा याद' और 'एक बूँद सहसा उछली', यशपाल की 'लोहे की दीवार के दोनों ओर', रामधारी सिंह दिनकर कृत 'देश-विदेश', प्रभाकर माचवे कृत 'गोरी नजरों में हम', मोहन राकेश कृत 'आखिरी चट्टान तक' आदि काफी महत्त्वपूर्ण कृतियाँ हैं। इन सभी यात्रावृत्तान्तों के अध्ययन से पाठकों को देश-विदेश के जन-जीवन से सम्बन्धित विभिन्न नवीन जानकारियाँ प्राप्त होती हैं।

यात्रावृत्तान्त साहित्य में निर्मल वर्मा कृत 'चीड़ों पर चाँदनी' का विशेष स्थान है जिसमें यूरोपीय देशों की कलात्मक और सांस्कृतिक उपलब्धियों को अनूठी शैली में वर्णित किया गया है। नए यात्रावृत्तान्तों में अमृता प्रीतम कृत 'इक्कीस पत्तियों का गुलाब', बलराज साहनी कृत 'रूसी सफरनामा', डॉ. नगेन्द्र कृत 'अप्रवासी की यात्राएँ', श्रीकान्त वर्मा कृत 'अपोलो का रथ', कमलेश्वर कृत 'खण्डित यात्राएँ' आदि प्रमुख हैं।

वस्तुतः यात्रावृत्तान्तों में देश-विदेश के विविध स्थलों की प्राकृतिक सुषमा, जन-जीवन की विभिन्न स्थितियाँ और सन्दर्भ, सांस्कृतिक वातावरण, कलात्मक इतिहास और अभिरुचि इत्यादि का वर्णन रोचक और सजीव शैली में मिलता है जिसे पढ़कर पाठक निश्चित रूप से एक आनन्ददायक ऊर्जा से स्वयं को युक्त पाता है। आजकल अनेक पत्र-पत्रिकाओं में प्रकाशित यात्रा सम्बन्धी विभिन्न लेख भी साहित्य की इस विधा की वृद्धि कर रहे हैं। कुल मिलाकर कहा जा सकता है कि हिंदी गद्य के विकास में यात्रावृत्तान्त साहित्य का महत्त्वपूर्ण योगदान है तथा भविष्य में भी इस योग के लिए यह साहित्य को आशान्वित करता है।

आत्मकथा

जब कोई व्यक्ति अपनी जीवन गाथा स्वयं लिखता है तो उसे आत्मकथा कहा

जाता है। हिंदी साहित्य में आत्मकथाएँ अत्यन्त कम मात्रा में लिखी गई हैं। 1641 ई. में बनारसी दास जैन द्वारा लिखित 'अर्द्धकथानक' को हिंदी की प्रथम आत्मकथा माना जाता है। गद्य की एक विधा के रूप में आत्मकथा का आरम्भ भारतेन्दु युग में ही होता है। स्वयं भारतेन्दु ने 'कुछ आपबीती कुछ जग बीती' नाम से आत्मकथा लिखनी शुरू की थी जो पूरी न हो सकी। आरम्भिक आत्मकथाओं में सत्यानन्द अग्निहोत्री कृत 'मुझमें देव जीवन का विकास' तथा स्वामी दयानन्द कृत 'जीवन चरित्र' आते हैं। इसके पश्चात् भाई परमानन्द, महात्मा गाँधी तथा सुभाष चन्द्र बोस ने भी आत्मकथाएँ लिखीं जो पाठकों के लिए प्रेरणादायक हैं। डॉ. राजेन्द्र प्रसाद, डॉ. राधाकृष्णन, मौलाना अबुल कलाम आजाद की आत्मकथाएँ भी काफी महत्त्वपूर्ण हैं। छायावादोत्तर युग में काफी संख्या में साहित्यकारों की आत्मकथाएँ प्रकाशित हुईं। श्यामसुन्दर दास, राहुल सांकृत्यायन, वियोगी हरि, स्वामी सत्यदेव परिव्राजक, शान्तिप्रिय द्विवेदी, देवेन्द्र सत्यार्थी, चतुरसेन शास्त्री, देवराज उपाध्याय, उग्र, डॉ. रामविलास शर्मा, अमृतलाल नागर, अमृता प्रीतम आदि साहित्यकारों की आत्मकथाएँ विशेष रूप से चर्चित हुई हैं। सर्वाधिक चर्चित आत्मकथा हरिवंश राय बच्चन की है जो चार भागों—'क्या भूलूँ क्या याद करूँ', 'नीड़ का निर्माण फिर', 'बसरे से दूर' और 'दशद्वार से सोपान तक' के नाम से प्रकाशित है। साहित्यकारों की आत्मकथाओं के अतिरिक्त बलराज साहनी, भवानी दयाल संन्यासी, जानकी देवी बजाज, मोरारजी देसाई आदि की आत्मकथाएँ भी काफी लोकप्रिय हुईं। हाल के वर्षों में प्रकाशित ओमप्रकाश वाल्मीकि की 'जूठन' अत्यधिक चर्चित आत्मकथा है, जो दलित आत्मकथा के अन्तर्गत आती है। कुल मिलाकर कहा जा सकता है कि हिंदी का आत्मकथा साहित्य विविधताओं से परिपूर्ण है।

जीवनी

जीवनी किसी व्यक्ति विशेष का जीवन वृत्तान्त होती है। इसमें व्यक्ति विशेष के जीवन के अनछुए, अप्रकट व्यक्तित्व का वर्णन रहता है। जीवनी के कुछ रूप मध्यकालीन ब्रज भाषा में मिलते हैं, जैसे—नाभादास रचित 'भक्तमाल' तथा 'चौरासी वैष्णवन की वार्ता' एवं 'दो सौ बावन वैष्णवन की वार्ता'। हिंदी में साहित्यिक ढंग से लिखी गई जीवनियों का आरम्भ 19वीं शताब्दी के उत्तरार्द्ध से होता है। भारतेन्दु, कार्तिक प्रसाद खत्री और देवी प्रसाद मुंसिफ ने जीवनियाँ लिखीं। द्विवेदी युग तक आते-आते जीवनी में साहित्यिक भाषा-शैली का विकास होने लगा। आचार्य महावीर प्रसाद द्विवेदी ने जीवनी-लेखन में विशेष रुचि ली। उनके द्वारा लिखी गईं जीवनियाँ 'प्राचीन पण्डित और कवि', 'सुकवि संकीर्तन', 'चरित चर्चा' आदि ग्रन्थों में संकलित हैं। द्विवेदी युग राष्ट्रीय चेतना का युग

था अतः इस समय अनेक राष्ट्रीय नेताओं, वीरांगनाओं, महापुरुषों की जीवनियाँ लिखी गईं। बाबू श्यामसुन्दर दास कृत 'कवि कोविद रत्न माला', राधाकृष्णदास कृत 'भारतेन्दु बाबू का जीवन चरित्र', बनारसी दास चतुर्वेदी कृत 'कविरत्न सत्यनारायण जी की जीवनी' आदि हिंदी लेखकों की जीवनियाँ भी द्विवेदी युग में लिखी गईं।

छायावाद और छायावादोत्तर काल में भी लोकप्रिय नेताओं, विदेशी महापुरुषों, उद्योगपतियों, वैज्ञानिकों इत्यादि से सम्बन्धित जीवनियाँ लिखी गईं। राहुल सांकृत्यायन और रामवृक्ष बेनपुरी ने विदेशी महापुरुषों पर जीवनी-लेखन किया। जीवनी साहित्य में सर्वाधिक महत्त्वपूर्ण देन साहित्यकारों से सम्बन्धित जीवनियों की है। मुंशी प्रेमचन्द के जीवन को आधार बनाकर उनकी पत्नी शिवरानी देवी ने 'प्रेमचन्द घर में', उनके पुत्र अमृत राय ने 'कलम का सिपाही' तथा मदनगोपाल ने 'कलम का मजदूर' नामक जीवनियाँ लिखीं। इन तीनों में ही प्रेमचन्द के जीवन के विविध आयाम पाठकों के सामने साकार हो उठे हैं। डॉ. रामविलास शर्मा ने 'निराला की साहित्य साधना' नाम से कवि सूर्यकान्त त्रिपाठी निराला के युग, जीवन और संघर्षशील व्यक्तित्व को उभारा है। विष्णु प्रभाकर ने 'आवारा मसीहा' नाम से बांग्ला के प्रसिद्ध कथाकार शरतचन्द्र की जीवनी लिखी जो उनके मानवीय संवेदना से परिपूर्ण व्यक्तित्व को दर्शाती है। इसके अतिरिक्त बांग्ला कवि नजरुल इस्लाम की जीवनी 'अग्नि सेतु' नाम से श्री विष्णुचन्द्र शर्मा ने तथा शान्ति जोशी ने 'सुमित्रानन्दन पन्त : जीवन और साहित्य' लिखीं। किन्तु उपरोक्त जीवनियों के उपरान्त भी हिंदी के जीवनी साहित्य को पर्याप्त समृद्ध नहीं कहा जा सकता।

रिपोर्ताज़

रिपोर्ताज़ हिंदी साहित्य की अपेक्षाकृत नवीनतम विधा है। यह शब्द अंग्रेजी के (Report) शब्द की तर्ज पर प्रयुक्त होता है। हिंदी में रिपोर्ताज़ 1940 ई. के लगभग लिखे जाने शुरू हो गए थे। रिपोर्ताज़ युद्ध, अकाल, मेला या किसी बड़ी घटना पर आधारित होते हैं। वर्तमान समय में हिंदी में रिपोर्ताज़ साहित्य का विकास तीव्र गति से हो रहा है। इस विधा को आगे बढ़ाने वाले साहित्यकारों में रांगेय राघव, फणीश्वरनाथ रेणु, शिवदानसिंह चौहान, अमृत राय, प्रभाकर माचवे, प्रकाशचन्द्र गुप्त आदि उल्लेखनीय हैं। रांगेय राघव कृत 'तूफानों के बीच', धर्मवीर भारती कृत 'युद्ध यात्रा', रेणु कृत 'ऋण जल धन जल', 'नेपाली क्रान्ति कथा' तथा 'श्रुत अश्रुत पूर्व' आदि विशेष लोकप्रिय रिपोर्ताज़ हैं जिनमें जनजीवन के विविध पक्षों को सूक्ष्म संवेदना और निकटता से देखने का प्रयास किया गया है। 'सरहद के उस पार' रेणु का नेपाली क्रान्ति से सम्बन्धित काफी चर्चित

एवं महत्त्वपूर्ण रिपोर्ताज़ है। आजकल अनेक पत्र-पत्रिकाओं में विविध घटनाओं पर रिपोर्ताज़ प्रकाशित हो रहे हैं।

संस्मरण एवं रेखाचित्र

गद्य विधाओं के विकास क्रम में जिन दो मुख्य विधाओं का आगमन हुआ वे संस्मरण और रेखाचित्र थीं। साहित्य की सम्पृक्ति जैसे-जैसे समाज से होते हुए व्यक्ति के साथ हुई, लेखकीय संवेदना उससे गहरे में जा जुड़ी। अपनी उस व्यक्ति चरितात्मक अभिव्यक्ति के लिए हिंदी साहित्य के पास कोई प्रातिमानिक साहित्यिक रूप उपलब्ध नहीं था। पाश्चात्य साहित्य में संस्मरणों अर्थात् अपने संवेदनात्मक अनुभूति जन्य व्यक्ति या घटना से जुड़े बिम्बों के लिए 'मेमायर्स' विधा चलन में थी। इस विधा का लेखक अपने जीवन में किसी व्यक्ति अथवा घटना से जुड़ी तीव्र संवेगात्मक स्मृतियों को कथात्मक ढंग से रचता है। वस्तुतः अनेकानेक स्मृतियों के बीच कुछेक स्मृतियाँ (किसी व्यक्ति या घटना से सम्बद्ध) जिन्होंने लेखक की संवेदनाओं में वेग पैदा किया हो और वे स्मृतियाँ अक्षुण्ण भाव बन उसके जीवन को प्रभावित कर गई हों। ऐसी स्मृतियों का रोचक उल्लेख ही संस्मरण (मेमायर्स) कहलाता है।

हिंदी में 'संस्मरण' के प्रवर्तक पं. पद्मसिंह शर्मा माने जाते हैं। महावीर प्रसाद द्विवेजी जी की 'सरस्वती' पत्रिका में संस्मरण छपने प्रारम्भ हो चुके थे। अर्थात् द्विवेदी युग से इस विधा का प्रारम्भ हुआ। इस विधा के प्रमुख लेखक हैं—कन्हैया लाल मिश्र (भूले हुए चेहरे), किशोरीदास वाजपेयी (साहित्यिक जीवन के अनुभव और संस्मरण), क्षेमेन्द्र सुमन (साहित्यिकों के संस्मरण), प्रकाशचन्द्र गुप्त (पुरानी स्मृतियाँ और नए स्केच), बनारसीदास चतुर्वेदी (मेरे साथी), महादेवी वर्मा (पथ के साथी, अतीत के चलचित्र, शृंखला की कड़ियाँ), महावीरप्रसाद द्विवेदी (अतीत-स्मृति), रामवृक्ष बेनीपुरी (माटी की मूरतें), देवेन्द्र सत्यार्थी (क्या गोरी, क्या साँवरी, रेखाएँ बोल उठीं), भदन्त आनन्द कौसल्यायन (जो न भूल सका, जो लिखना पड़ा), रामविलास शर्मा (जहाज और तूफान (दो भाग), घर की बात), कृष्णा सोबती (हम हशमत), शिवपूजन सहाय (स्मृति शेष), फणीश्वरनाथ रेणु (समय की शिला), अज्ञेय (स्मृतिलेखा), जगदीश चन्द्र माथुर (दस तस्वीरें), धर्मवीर भारती (कुछ चेहरे, कुछ चिन्तन)।

इसी तर्ज पर रेखाचित्र का उद्‌भव और विकास हिंदी साहित्य में हुआ। अंग्रेजी के 'पैन पोर्ट्रेट' या 'स्केच' के प्रभाव से हिंदी में 'रेखाचित्र', आया। रेखाचित्र का चरित्र लेखक की गहन और तीव्र संवेदना व उससे जुड़ी उसकी आत्मीयतापूर्ण अनुभूति से आकार पाता है। वस्तुतः लेखक के मानस पटल पर अंकित भावों का तीव्रतर संवेग जिस प्रकार पद्य में काव्य को रचता है उसी

प्रकार गद्य में रेखाचित्र उसके मन के अन्तस्तल में पैठ बनाए भावों की चित्रात्मक अभिव्यक्ति होती है। जहाँ वह कम-से-कम शब्दों में अपनी घनीभूत वेदना, दबाव को विस्तृत न कर केन्द्रीय संश्लिष्टता को कुछ इस प्रकार व्यक्त करता है कि उसका कहा गया पूरी तरह मूर्त होकर हमारे सम्मुख आ खड़ा होता है। अपने कथ्य से जुड़े तार-तार को वह झंकृत कर डालता है। गहनतम अनुभूति की अभिव्यक्ति होने के कारण उसमें कथात्मक विस्तार जगह नहीं ले पाता। अपितु एक ही भाव-विचार और रूप की केन्द्रीय अभिव्यक्ति भर वह होता है, जिससे पाठकीय सहृदयता के सम्मुख वह मूर्तिमान हो उठता है।

संस्मरण और रेखाचित्र में कई समानताएँ होने के कारण उभयनिष्ठता दिखाई पड़ती है। रचाव के समय लेखक में दोनों विधाओं की प्रवृत्ति मिल भी जाती है। फिर भी विधागत तौर पर दोनों का अपना निजी परिचय है। संस्मरण की अपेक्षा रेखाचित्र में लेखक के भावों की तीव्रता और गहनता कहीं अधिक होती है। संस्मरण जहाँ अतीत की स्मृतियों पर आधारित होता है, वहीं रेखाचित्र का विषय अतीत के साथ-साथ वर्तमान पर भी आधारित हो सकता है। संस्मरण में कथात्मक विस्तार के लिए स्थान रहता है इसलिए इसकी शैली प्रायः व्यास प्रधान होती है जबकि रेखाचित्र में एक ही बिन्दु पर एकटक दृष्टि होने के कारण घनीभूत भाव दृश्य के रूप में सम्प्रेषित हो जाता है। वह चित्रपट पर चलता-सा दिखाई पड़ता है। उसकी भाषा शैली भी विषय के अनुरूप समास प्रधान होती है। रेखाचित्र संस्मरणात्मक, व्यंग्यात्मक, मनोवैज्ञानिक आदि प्रकार के हो सकते हैं। बनारसीदास चतुर्वेदी (रेखाचित्र), महादेवी वर्मा (स्मृति की रेखाएँ), रामवृक्ष बेनीपुरी (गेहूँ और गुलाब), प्रकाशचन्द्र गुप्त (पुरानी स्मृतियाँ, नए स्केच), राजेन्द्र यादव (वे देवता नहीं हैं), शिवपूजन सहाय (वे दिन वे लोग), उपेन्द्रनाथ अश्क (मंटो मेरा दुश्मन, ज्यादी अपनी कम परायी), माखनलाल चतुर्वेदी (समय के पाँव), डॉ. नगेन्द्र (चेतना के बिम्ब) अपने समय के प्रमुख रेखाचित्रकार व रेखाचित्र हैं।

डायरी

भेंटवार्ता, रिपोर्ताज़ के संग-संग डायरी भी हिंदी साहित्य में 20वीं शताब्दी के उत्तरार्द्ध की विधा है। इसे भी पश्चिम से सीखा गया। लेखक के दिन भर की घटनाओं, आवाजाही, मिलने-जुलने, हर्ष-विषाद, मान-अपमान, आशा-निराशा की दैनंदिन (प्रतिदिन) की यथार्थ किन्तु रोचक अभिव्यक्ति को 'डायरी' विधा के रूप में स्वीकारा गया। लेखक जो अपनी संवेदनात्मक तीव्रता के कारण सामान्य से कहीं विशेष होता है, प्रवाहमयता, रोचकता, संवेदना के साथ प्रतिदिन के घटित को शब्द देता है तो वह लिखा गया सामान्य तथ्यात्मक होकर भी लेखकीय

चिन्तन, ज्ञान, गहनता व उसके शिल्प के चलते साहित्य की कोटि में आ जाता है। 'डायरी' वस्तुतः लेखक की निजी जिन्दगी का सच्चा खाका होता है। जिससे उसके दर्शन, दृष्टि को समझा जा सकता है। डायरी लेखक के शेष साहित्य को समझने का सबसे प्रामाणिक व स्वयं सत्यापित दस्तावेज है। लेखक के व्यक्तित्व का उद्घाटन करने वाला यह सर्वाधिक पुष्ट साक्ष्य है। यूँ महात्मा गाँधी इस विधा के प्रवर्तक माने जा सकते हैं। किन्तु साहित्यिक विधा के तौर पर इसका चलन पाँचवें दशक के बाद ही शुरू हुआ। पण्डित सुन्दर लाल त्रिपाठी (दैनंदिनी), डॉ. धीरेन्द्र वर्मा (मेरी कालिज डायरी), गजानन माधव मुक्तिबोध (एक साहित्यिक की डायरी), इलाचन्द्र जोशी (मेरी डायरी के नीरस पृष्ठ) डायरी विधा के प्रमुख लेखक व रचनाएँ हैं।

बालमुकुन्द गुप्त
(1865-1907)

भारतेन्दु युग के लेखकों में बालमुकुन्द गुप्त की गिनती प्रमुख रूप से की जाती है। उनकी लेखनी से परतन्त्रता के प्रति क्षोभ और आक्रोश के साथ-साथ भारतीयों की सोई हुई मानसिकता के प्रति क्षुब्धता की अभिव्यक्ति हुई है। उस युग के सजग लेखक के सम्पूर्ण गुण धर्म उनमें थे। लेखकीय सामाजिक दायित्व का निर्वाह जोखिम व श्रमसाध्यता की अन्तिम सीमा तक उन्होंने किया। अंग्रेजी शासन की नीतियों का विरोध करने का साहस उनमें था। जनता में चेतना की लहरें जगाने के लिए समाजसेवी भाव से 'हिन्दोस्थान' पत्र का सम्पादन भी किया। वे सम्पादन और लेखन जैसे कष्टसाध्य कार्य को जीते जी पूरी निष्ठा के साथ करते रहे। मात्र 42 वर्ष की आयु पाने वाले गुप्त जी ने अपना सम्पूर्ण जीवन समाज और राष्ट्र को समर्पित कर दिया था। जीवन के अन्तिम समय में वे 'भारत मित्र' पत्र के सम्पादक भी थे।

भारतेन्दु युग आधुनिक हिंदी साहित्य का प्रस्थान बिन्दु होने के बावजूद ऐसे ही लेखकों के बल पर अपनी प्रारम्भिक अवस्था में ही परिपक्वता व प्रौढ़ता को प्राप्त कर सका। गुप्त जी ने भारतेन्दु युग (1968-1900) के उत्तरार्द्ध से लिखना प्रारम्भ किया और द्विवेदी युगीन पत्र-पत्रिकाओं में लिखते रहे। वे एक निर्भीक पत्रकार थे। 'भारत मित्र' के सम्पादन काल में उनकी अधिकांश कृतियाँ प्रकाशित हुईं। उनकी कृतियों में से दो कृतियों ने खासी लोकप्रियता अर्जित की--'शिव शम्भु के चिट्ठे' तथा 'चिट्ठे और खत'। उनकी ये दोनों रचनाएँ 1905 ई. में भारत मित्र प्रेस कलकत्ता से प्रकाशित हुई थीं। प्रस्तुत निबन्ध 'एक दुराशा' 'शिव शम्भु के चिट्ठे' संकलन में संकलित है। इसी समय उनके प्रमुख लेखों और निबन्धों का संग्रह 'गुप्त निबन्धावली' नाम से प्रकाशित हुआ था।

पत्रकार के साथ-साथ गुप्त जी एक अनुवादक और सफल कवि भी थे। उनकी दो अनूदित कृतियाँ 'मंडेल भगिनी' (बांग्ला उपन्यास का अनुवाद) तथा 'रत्नावली' (हर्षकृत संस्कृत नाटिका का अनुवाद) बहुत चर्चित हुईं। उर्दू के क्षेत्र से आने के बावजूद उर्दू-हिंदी के विवाद में गुप्त जी ने तटस्थ दृष्टि से हिंदी का समर्थन किया। गम्भीर विचारों के निर्वहन के लिए उर्दू की कमियों से वे

भली-भाँति परिचित थे। उनकी एक बड़ी उपलब्धि यह भी थी कि साहित्यकारों का समीक्षात्मक परिचय लिखने की शुरुआत उन्होंने ही की। उनकी शैली चुटीली, व्यंग्यात्मक व विनोदप्रिय थी। साहित्य के लिए भाषा के प्रारूप का निर्धारण भारतेन्दु ने जिस सरणि पर किया उसी का अनुमोदन उन्होंने किया। संस्कृतनिष्ठ हिंदी और उर्दू का समन्वित रूप ही उन्हें प्रिय था।

अपने युग के अन्य महान रचनाकारों (भारतेन्दु, प्रतापनारायण मिश्र) की लीक पर उन्हें भी अल्पायु मिली। 18 सितम्बर सन् 1907 में उनका देहान्त दिल्ली में ही हुआ था। सारा जीवन संघर्ष और लेखन में बिताया। उनका जन्म हरियाणा प्रान्त के रोहतक जिले में गुडियाना नामक गाँव में सन् 1865 ई. में हुआ। मात्र चौदह वर्ष की अवस्था में इन्हें पितृ बिछोह सहना पड़ा। शिक्षा उर्दू माध्यम से ही हुई। मूलतः वे पत्रकार थे। 'मथुरा अखबार' में लिखना प्रारम्भ कर 'अखबारे चुनार' से अपने वास्तविक पत्रकार जीवन की शुरुआत की। और जीवन पर्यन्त पत्रकारिता को उपजीव्य बनाया। देश-भक्ति, निर्भीकता, कर्तव्यनिष्ठता, लोक हितैषी भावों से वे सदा परिचालित रहे।

एक दुराशा : प्रतिपाद्य

बालमुकुन्द गुप्त के अधिकांश निबन्ध 'शिव शम्भु के चिट्ठे' संकलन में संकलित हैं। 'एक दुराशा' निबन्ध भी उसी का अंश है। गुप्त जी का समय परतन्त्रता का समय था। स्वतन्त्र भारत में रहकर सरकार की गलत नीतियों की आलोचना करना सरल कार्य हो सकता है जबकि वह विरोध करने का अधिकार 'मौलिक अधिकार' के अन्तर्गत सुरक्षा प्रदान करता हो। किन्तु अंग्रेज जैसी क्रूर, आतंकी, स्वार्थी व भोगी जाति के विरोध में कुछ भी कह पाना काल कोठरी का मुँह देखना था। ऐसे संकट में भारतेन्दु और उनके समकालीनों ने परतन्त्र भारत में स्वतन्त्र चेतना के साथ अपना आक्रोश प्रकट किया।

'एक दुराशा' निबन्ध उसी जागरूक चेतना की व्यंग्यात्मक अभिव्यक्ति है जिसमें अंग्रेजी शासन की भारतीयों के प्रति उपेक्षा, सौतेले व्यवहार और तो और उन्हें मात्र अपना ग्रास मान उनका उपयोग और उपभोग भर किया गया। किसी भी प्रकार की सुचारु व्यवस्था अंग्रेजों के समय नहीं रही। कमजोर देश को दबाया, कुचला गया जितना शोषण किया जा सकता है किया गया। जनमानस की मूलभूत आवश्यकताओं पर कभी ध्यान नहीं दिया गया, अधिकारों की बात तो दूर थी। आम आदमी सूअर, भेड़, बकरी, रेंगने वाले कीड़ों से भी बीभत्स जीवन जीने के लिए लाचार था। शासन नाम की चीज दिखती न थी। राजा सात समुद्र पार से अपने इस दास देश को चला रहा था। उस पर ध्यान रखने के लिए 'लार्ड', 'वायसराय' छोड़ दिए गए थे जिनकी दृष्टि में भारतवासी पशुओं से

ज्यादा कुछ न थे। इसी पीड़ा को आधार बनाकर 'एक दुराशा' निबन्ध लिखा गया।

भारतीय इतिहास में राजा प्रजा के प्रति कितने उदारमना रहे हैं यह गौरव का विषय है। सत्य हरिश्चन्द्र, राम-कृष्ण, अशोक, यहाँ तक कि जहाँगीर, अकबर का शासन-काल भी उनकी प्रजावत्सलता के लिए याद किया जाता रहा है। प्रजा की पीड़ा, परेशानियों को जानने के लिए राजा विक्रमादित्य जैसा राजा भेष बदल-बदलकर रात-रात भर गली-गली, द्वार-द्वार घूमता फिरता था। प्रजा के हितों की चिन्ता, उनके प्रति मानवीय भावों ने ही उन्हें महान बनाया किन्तु अंग्रेजी राज में तो राजा का पता ही नहीं है, उसके दर्शन सामान्य जन को नहीं होते जो उसके प्रतिनिधि हैं—वे अपनी ऐय्याशी और प्रमाद में जनमानस के दुःख-दर्द को भूले बैठे हैं। ऐसे में होली का त्योहार कैसे राजा के साथ खेला जाएगा यह बात शिव शम्भु शर्मा के बहाने से गुप्त जी कहना चाहते हैं। 'खेलें होली कन्हैया के घर' गीत सुनकर गुप्त जी विचार करते हैं कि पहले कन्हैया अर्थात् उस समय के शासक के साथ आम आदमी होली खेलने पहुँचता था। राजा की पूरी आत्मीयता, प्रजा के प्रति थी। लेकिन आज 'लार्ड' साहब के साथ होली खेलना अर्थात् अपने सुख-दुःख में बराबर का भागीदार मानना तो दूर उसे देख पाना भी दुष्कर है। 'माई लार्ड' जहाँ जाकर बसे हैं अर्थात् कलकत्ता में ही आम आदमी को कोई सुविधा नहीं है। चारों ओर अव्यवस्था का राज है। उस पर 'माई लार्ड' अपने शासन काल की गौरवगाथा को इतिहास में दर्ज कराने का उपक्रम कर रहे हैं।

लेखक की इच्छा—आशा 'माई लार्ड' से मिलने की है। वे चाहते हैं कि 'माई लार्ड' के हृदय में अपनी प्रजा का दुःख व्याप्त हो। वे अपने राजा की उपेक्षा, दुत्कारे जाने वाले व्यवहार से क्षुब्ध हो। अपनी इस आशा को 'एक दुराशा' कहकर अपने मन की व्यथा को इस निबन्ध के माध्यम से व्यक्त कर आम आदमी में इस भावना को कूट-कूटकर भर देना चाहते हैं कि राजा ईश्वर का प्रतिनिधि है। यह बात भारत के स्वशासकों के साथ बीत गई। अंग्रेज व्यापारी है उसे अपने स्वार्थों के प्रति किसी के हितों की चिन्ता नहीं है। ऐसे में राष्ट्रीय चेतना, सामाजिक जागरूकता ही उसे ऐसे 'माई लार्डों' से छुटकारा दिला सकती है जो जोंक की तरह रक्त चूसने भर के लिए शासन कर रहे हैं।

बालमुकुन्द गुप्त के अधिकांश निबन्ध हास्य-व्यंग्य शैली में लिखे गए। उनके प्रमुख विषय अपनी समकालीन राजनीतिक, सामाजिक विसंगतियों, बुराइयों को जनता के सम्मुख रखना था। जो जनता अभी तक भ्रम का जीवन जिए जा रही है उसे देश की सच्ची तस्वीर दिखाना उनका उद्देश्य था। वैचारिक विषयों की अभिव्यक्ति के लिए ऐसे समय में व्यास प्रधान, सहज सरल लेकिन

अर्थगर्भित भाषा ही सबसे बड़ा माध्यम थी। सीधे-सीधे अंग्रेजों की नीतियों पर प्रहार करने का उपयुक्त समय नहीं था। बचे रहकर जनता को सजग करने के लिए व्यंग्य का सहारा लिया गया। आम आदमी तक जनजागरण की साहित्यिक लहर पहुँच सके इसीलिए इस समय भाषा के सहज सरल रूप का ही प्रयोग किया गया।

एक दुराशा

नारंगी के रस में जाफरानी बसन्ती बूटी छानकर शिव शम्भु शर्मा खटिया पर पड़े मौजों का आनन्द ले रहे थे। खयाली घोड़े की बागें ढीली कर दी थीं। वह मनमानी जकन्दें भर रहा था। हाथ-पाँवों को भी स्वाधीनता दे दी गई थी। वह खटिया के तूल-अरज की सीमा उल्लंघन करके इधर-उधर निकल गए थे। कुछ देर इसी प्रकार शर्मा जी का शरीर खटिया पर था और खयाल दूसरी दुनिया में।

अचानक एक सुरीली गाने की आवाज ने चौंका दिया। कन-रसिया शिव शम्भु खटिया पर उठ बैठे। कान लगाकर सुनने लगे। कानों में यह मधुर गीत बार-बार अमृत ढालने लगा—

चलो-चलो आज, खेलें होली कन्हैया के घर

कमरे से निकलकर बरामदे में खड़े हुए। मालूम हुआ कि पड़ोस में किसी अमीर के यहाँ गाने-बजाने की महफिल हो रही है, कोई सुरीली लय से उक्त होली गा रहा है। साथ ही देखा, बादल घिरे हुए हैं, बिजली चमक रही है, रिमझिम झड़ी लगी हुई है। वसन्त में सावन देखकर अकल जरा चक्कर में पड़ी। विचारने लगे कि गाने वालों को मलार गाना चाहिए था, न कि होली। साथ ही खयाल आया कि फागुन सुदी है, वसन्त के विकास का समय है, वे होली क्यों न गाएँ? इसमें तो गाने वाले की नहीं, विधि की भूल है, जिसने वसन्त में सावन बना दिया है। कहाँ तो चाँदनी छिटकी होती, निर्मल वायु बहती, कोयल की कूक सुनाई देती; कहाँ भादों की-सी अँधियारी है, वर्षा की झड़ी लगी हुई है। ओह! कैसा ऋतु-विपर्यय है!

इस विचार को छोड़कर गीत के अर्थ का विचार जी में आया। होली-खिलैया कहते हैं कि आज कन्हैया के घर होली खेलेंगे। कन्हैया कौन? ब्रज के राजकुमार, और खेलैया कौन? उनकी प्रजा—ग्वालबाल। इस विचार ने शिवशम्भु शर्मा को और चौंका दिया कि ऐं! क्या भारत में ऐसा समय भी था, जब प्रजा के लोग राजा के घर जाकर होली खेलते थे और राजा-प्रजा मिलकर आनन्द मनाते थे? क्या भारत में राजा लोग प्रजा के आनन्द को अपना आनन्द समझते थे? अच्छा, यदि आज शिव शम्भु शर्मा अपने मित्र-वर्ग सहित अबीर-गुलाल की झोलियाँ भरे, रंग की पिचकारियाँ लिए राजा के घर होली खेलने जाए तो कहाँ जाए?

राजा दूर सात समुद्र पार है। राजा का केवल नाम सुना है। न राजा को शिवशम्भु ने देखा, न राजा ने शिवशम्भु को। खैर, राजा नहीं, उसने अपना प्रतिनिधि भारत भेजा है। कृष्ण द्वारिका ही में हैं, पर उद्धव को प्रतिनिधि बनाकर ब्रजवासियों को सन्तोष देने के लिए ब्रज में भेजा है। क्या उस राज-प्रतिनिधि के घर जाकर शिवशम्भु होली नहीं खेल सकता!

उफ! यह विचार वैसा ही बेतुका है, जैसा अभी वर्षा में होली गाई जाती थी। पर इसमें गाने वाले का क्या दोष है? वह तो समय समझ कर ही गा रहा था। यदि वसन्त में वर्षा की झड़ी लगे, तो क्या गाने वाले को मलार गाना चाहिए? सचमुच बड़ी कठिन समस्या है। कृष्ण है, उद्धव है, पर ब्रजवासी उनके निकट भी नहीं फटकने पाते! राजा राजा है! राज-प्रतिनिधि है, पर प्रजा की उन तक रसाई नहीं। सूर्य है, धूप नहीं। चन्द्र है, चाँदनी नहीं। माई लार्ड नगर ही में है, पर शिवशम्भु उसके द्वार तक नहीं फटक सकता है, उसके घर पर होली खेलना तो विचार ही दूसरा है। माई लार्ड के घर तक प्रजा की बात नहीं पहुँच सकती, बात की हवा नहीं पहुँच सकती। जहाँगीर की भाँति उसने अपने शयनागार तक ऐसा कोई घण्टा नहीं लगाया, जिसकी जंजीर बाहर से हिलाकर प्रजा अपनी फरियाद उसे सुना सके। न आगे को लगाने की आशा है। प्रजा की बोली वह नहीं समझता, उसकी बोली प्रजा नहीं समझती। प्रजा के मन का भाव वह न समझता है, न समझना चाहता है। उसके मन का भाव न प्रजा समझ सकती है, न समझने का कोई उपाय है। उसका दर्शन दुर्लभ है। द्वितीया के चन्द्र की भाँति कभी-कभी बहुत देर तक नजर गड़ाने से उसका चन्द्रानन दिख जाता है, तो दिख जाता है। लोग उँगलियों से इशारे करते हैं कि वह है। किन्तु दूज के चाँद के उदय का भी एक समय है। लोग उसे जान सकते हैं। माई लार्ड के मुखचन्द्र के उदय का तो कोई समय नहीं। अच्छा, जिस प्रकार इस देश के निवासी माई लार्ड का चन्द्रानन देखने को टिकटकी लगाए रहते हैं, या जैसे शिवशम्भु शर्मा के जी में अपने देश के माई लार्ड से होली खेलने की आई, इस प्रकार कभी श्रीमान का जी होता होगा कि अपनी प्रजा में जिसके दण्ड-मुण्ड के विधाता होकर आए हैं, किसी एक से मिलकर उसके मन की बात पूछें या कुछ आमोद-प्रमोद की बातें करके उसके मन को टटोलें? माई लार्ड को ड्यूटी का ध्यानं दिलाना सूर्य को दीपक दिखाना है। वह स्वयं श्रीमुख से कह चुके हैं कि ड्यूटी में बँधा हुआ मैं इस देश में फिर आया। यह देश मुझे बहुत ही प्यारा है। इससे ड्यूटी और प्यार की बात श्रीमान् के कथन से ही तय हो जाती है। उसमें किसी प्रकार की हुज्जत उठाने की जरूरत नहीं। तथापि यह प्रश्न आप से आप जी में उठता है कि इस देश की प्रजा से प्रजा के माई लार्ड का निकट होना और प्रजा के लोगों की बात जानना भी उसी ड्यूटी की सीमा तक

पहुँचता है या नहीं? यदि पहुँचता है तो क्या श्रीमान बता सकते हैं कि आपने छः साल के लम्बे शासन में इस देश की प्रजा को क्या जाना और उससे क्या सम्बन्ध उत्पन्न किया? जो पहरेदार सिर पर फेंटा बाँधे, हाथ में संगीनदार बन्दूक लिए काठ के पुतलों की भाँति गवर्नमेंट हौस के द्वार पर दण्डायमान रहते हैं, या छाया की मूर्ति की भाँति जरा इधर-उधर हिलते-डुलते दिखाई देते हैं, कभी उनको भूले-भटके आपने पूछा है कि कैसी गुजरती है? किसी काले-काले चपरासी या खानसामा आदि से कभी आपने पूछा कि कैसे रहते हो? तुम्हारे देश की क्या चाल-ढाल है? तुम्हारे देश के लोग हमारे देश को कैसा समझते हैं? क्या इन नीचे दरजे के नौकरों-चाकरों को कभी माई लार्ड के श्रीमुख से निकले हुए अमृत-रूपी वचनों को सुनने का सौभाग्य प्राप्त हुआ या खाली पेड़ों पर बैठी चिड़ियों का शब्द ही उनके कानों तक पहुँचकर रह गया? क्या कभी सैर-तमाशे में टहलने के समय या किसी एकान्त स्थान में इस देश के किसी आदमी से कुछ बातें करने का अवसर मिला? अथवा इस देश के प्रतिष्ठित बेगरज आदमी को अपने घर पर बुलाकर इस देश के लोगों के सच्चे विचार जानने की चेष्टा की? अथवा कभी विदेश या रियासतों के दौरे में उन लोगों के सिवाय, जो झुक-झुककर लम्बी सलामें करने आए हों, किसी सच्चे बेपरवाह आदमी से कुछ पूछने या कहने का कष्ट किया? सुनते हैं कि कलकत्ते में श्रीमान् ने कोना-कोना देख डाला। भारत में क्या भीतर और क्या सीमाओं पर, कोई जगह देखे बिना नहीं छोड़ी। बहुतों का ऐसा ही विचार था। पर कलकत्ता यूनिवर्सिटी के परीक्षोत्तीर्ण छात्रों की सभा में चांसलर का जामा पहनकर माई लार्ड ने जो अभिज्ञता प्रकट की, उससे स्पष्ट हो गया कि जिन आँखों से श्रीमान् ने देखा, उनमें इस देश की बातें ठीक देखने की शक्ति न थी।

सारे भारत की बात दूर, इस कलकत्ते ही में देखने की इतनी बातें हैं कि केवल उनको भली-भाँति देख लेने से भारतवर्ष की बहुत-सी बातों का ज्ञान हो सकता है। माई लार्ड के शासन के छः साल हालवेल के स्मारक में लाट बनवाने, ब्लैक-होल का पता लगाने, अख्तर लोनी की लाट को मैदान से उठवाकर वहाँ विक्टोरिया मेमोरियल हॉल बनवाने, गवर्नमेंट हौस के आसपास अच्छी रोशनी, अच्छे फुटपाथ और अच्छी सड़कों का प्रबन्ध करने में बीत गए। दूसरा दौर भी वैसे ही कामों में बीत रहा है। सम्भव है कि उनमें भी श्रीमान् के दिलपसन्द अंग्रेजी मुहल्लों में कुछ और भी बड़ी-बड़ी सड़कें निकल जाएँ और गवर्नमेंट हौस की तरफ के स्वर्ग की सीमा और बढ़ जावे। पर नगर जैसा अँधेरे में था, वैसा ही रहा; क्योंकि उसकी असली दशा देखने के लिए और ही प्रकार की आँखों की जरूरत है। जब तक वे आँखें न होंगी, यह अँधेरा यों ही चला जावेगा। यदि किसी दिन शिवशम्भु के साथ माई लार्ड नगर की दशा देखने चलते तो वह देखते कि इस महानगर की

लाखों प्रजा भेड़ों और सूअरों की भाँति सड़े-गले झोंपड़ों में लोटती है। उसके आसपास सड़ी बदबू और मैले-सड़े पानी के नाले बहते हैं। कीचड़ और कूड़े के ढेर चारों ओर लगे हुए हैं। उनके शरीरों पर मैले-कुचैले फटे चिथड़े लिपटे हुए हैं। उनमें से बहुतों को आजीवन पेट-भर अन्न और शरीर ढकने को कपड़ा नहीं मिलता। जाड़ों में सर्दी से अकड़कर रह जाते हैं। और गर्मी में सड़कों पर घूमते तथा जहाँ-तहाँ पड़ते फिरते हैं। बरसात में सड़े-सीले घरों में भीगे पड़े रहते हैं। सारांश यह कि हर एक ऋतु की तीव्रता में सबसे आगे मृत्यु के पंथ का वही अनुगमन करते हैं। मौत ही एक है जो उनकी दशा पर दया करके जल्द-जल्द उन्हें जीवन-रूपी रोगों के कष्ट से छुड़ाती है।

परन्तु क्या इनसे भी बढ़कर और दृश्य नहीं हैं? हाँ हैं, पर जरा और स्थिरता से देखने के हैं। बालू में बिखरी हुई चीनी को हाथी अपनी सूँड से नहीं उठा सकता, उसके लिए चिंवटी की जिह्वा दरकार है। इसी कलकत्ते में, इसी इमारतों के नगर में माई लार्ड की प्रजा में हजारों आदमी ऐसे हैं, जिनको रहने को सड़ा झोंपड़ा भी नहीं है। गलियों और सड़कों पर घूमते-घूमते जहाँ जगह देखते हैं वहीं पड़ रहते हैं। पहरे वाला आकर डण्डा लगाता है तो सरककर दूसरी जगह जा पड़ते हैं। बीमार होते हैं तो सड़कों पर पाँव पीटकर मर जाते हैं। कभी आग जलाकर खुले मैदान में पड़े रहते हैं। कभी-कभी हलवाइयों की भट्ठियों से चिमटकर रात काट देते हैं। नित्य उनकी दो-चार लाशें जहाँ-तहाँ से पड़ी हुई पुलिस उठाती है। भला माई लार्ड तक उनकी बात कौन पहुँचाए? दिल्ली दरबार में भी, जहाँ सारे भारत का वैभव एकत्र था, सैकड़ों ऐसे लोग दिल्ली की सड़कों पर पड़े दिखाई देते थे, परन्तु उनकी ओर देखने वाला कोई न था। यदि माई लार्ड एक बार इन लोगों को देख पाते, तो पूछने को जगह हो जाती कि वे लोग भी ब्रिटिश राज्य के सिटीजन हैं वा नहीं? यदि हैं तो कृपापूर्वक पता लगाइए कि उनके रहने के स्थान कहाँ हैं और ब्रिटिश राज्य से उनका क्या नाता है? क्या कहकर वे अपने राजा और उसके प्रतिनिधि को सम्बोधन करें? किन शब्दों में ब्रिटिश राज को असीस दें? क्या यों कहें कि जिस ब्रिटिश राज्य में हम अपनी जन्मभूमि में एक अंगुल भूमि के अधिकारी नहीं, जिसमें हमारे शरीर को फटे चिथड़े भी नहीं जुड़े और न कभी पापी पेट को पूरा अन्न मिला, उस राज्य की जय हो; उसका राज-प्रतिनिधि हाथियों का जुलूस निकालकर सबसे बड़े हाथी पर चँवर-छत्र लगाकर निकले और स्वदेश में जाकर प्रजा के सुखी होने का डंका बजाए?

इस देश में करोड़ों प्रजा ऐसी है जिसके लोग जब संध्या-सवेरे किसी स्थान पर एकत्र होते हैं तो महाराजा विक्रम की चर्चा करते हैं और उन राजा-महाराजाओं की गुणावली वर्णन करते हैं, जो प्रजा का दुःख मिटाने और उनके अभावों का पता लगाने के लिए रातों को वेश बदलकर निकला करते थे। अकबर के प्रजा-पालन

की और बीरबल के लोक-रंजन की कहानियाँ कहकर वे जी बहलाते हैं और समझते हैं कि न्याय और सुख का समय बीत गया। अब वे राजा संसार में उत्पन्न नहीं होते जो प्रजा के सुख-दुःख की बातें उनके घरों में आकर पूछ जाते थे। महारानी विक्टोरिया को वे अवश्य जानते हैं कि वह महारानी थीं और अब उनके पुत्र उनकी जगह राजा और इस देश के प्रभु हुए हैं। उनको इस बात की खबर तक भी नहीं कि उनके प्रभु के कोई प्रतिनिधि होते हैं और वही इस देश के शासन के मालिक होते हैं तथा कभी-कभी इस देश की तीस करोड़ प्रजा का शासन करने का घमण्ड भी करते हैं, अथवा मन चाहे तो इस देश के साथ बिना कोई अच्छा बरताव किए भी यहाँ के लोगों को झूठा-मक्कार आदि कहकर अपनी बड़ाई करते हैं।

इन सब विचारों ने इतनी बात तो शिवशम्भु के जी में पक्की कर दी कि अब राजा-प्रजा के मिलकर होली खेलने का समय गया। जो बाकी था, वह कश्मीर-नरेश महाराजा रणवीरसिंह के साथ समाप्त हो गया। इस समय देश में उस समय के फिर लौटने की जल्द आशा नहीं। इस देश की प्रजा का अब वह भाग्य नहीं है। साथ ही किसी राजपुरुष का भी ऐसा सौभाग्य नहीं है, जो यहाँ की प्रजा के अकिंचन प्रेम को प्राप्त करने की परवा करे। माई लार्ड अपने शासन-काल का सुन्दर-से-सुन्दर सचित्र इतिहास स्वयं लिखवा सकते हैं, वह प्रजा के प्रेम की क्या परवा करेंगे? तो भी इतना सन्देश भंगड़ शिवशम्भु शर्मा अपने प्रभु तक पहुँचा देना चाहता है कि आपके द्वार पर होली खेलने की आशा करने वाले ब्राह्मण को कुछ नहीं तो कभी-कभी पागल समझकर ही स्मरण कर लेना। वह आपकी गूँगी प्रजा का एक वकील है जिसके शिक्षित होकर मुँह खोलने तक आप कुछ करना नहीं चाहते।

बमुलाजिमाने सुलताँ कै रसानद, ईं दुआरा?
कि बशुक्रे बादशाही जे नजर मराँ गदारा।

आशय स्पष्ट कीजिए :

1. यदि वसन्त में वर्षा की झड़ी लगे, तो क्या गाने वाले को मलार गाना चाहिए?
2. जब तक वे आँखें न होंगी, यह अँधेरा यों ही चला जावेगा।
3. वह खटिया के तूल अरज की सीमा उल्लंघन करके इधर-उधर निकल गए थे।
4. दिल्ली दरबार में भी जहाँ सारे भारत का वैभव एकत्र था, सैकड़ों ऐसे लोग दिल्ली की सड़कों पर पड़े दिखाई देते थे, परन्तु उनकी ओर देखने वाला कोई न था।

लघूत्तरीय प्रश्न :

1. 'एक दुराशा' निबन्ध बालमुकुन्द गुप्त की किस रचना में संकलित है?
2. किन राजाओं की गुणावलियों की चर्चा प्रजा करती है?
3. अपने राजा से होली न खेल पाने का दुःख लेखक को क्यों है?
4. गुप्त जी के समय भारत पर किस देश का शासन था?

विवेचनात्मक प्रश्न :

1. 'एक दुराशा' निबन्ध के शीर्षक को स्पष्ट करते हुए लेखक की दुराशा का विवेचन कीजिए?
2. अंग्रेजों की किन नीतियों का विरोध इस निबन्ध में किया गया है? स्पष्ट कीजिए।

प्रेमचन्द
(1880-1936)

हिंदी के कथा-साहित्य में 'प्रेमचन्द' एक ऐसा नाम है जिसने समय-सरोकार को चुम्बकीय रोचकता व चिन्तनीय गम्भीरता के गुण-धर्म के साथ कथा-साहित्य में प्रकट किया। कहानी कहने का किस्सागोई ढंग प्रेमचन्द ने साहित्य में इतनी सरलता-सहजता से उतारा कि वह समाज की गम्भीर त्रासदीय स्थितियों का चित्रण होकर भी चौपाल पर बैठकर किस्सा सुनाते किसी प्रिय बुजुर्ग को सुनने जैसा लगा। प्रेमचन्द ने समाज की दुखती रगों को दादा नानी की कहानी-सा सरल बना दिया था। प्रेमचन्द से पूर्व जनता को तिलिस्म ऐय्यार या अश्लीलता का शब्द संग्रह घेरे हुआ था। प्रेमचन्द ने किसानों, वेश्याओं, उपेक्षितों के साथ-साथ स्त्री पर होते नाना अत्याचारों, कुप्रथाओं, सड़ चुके रीति-रिवाजों को अपना विषय बनाया। समाज को बहुत ही प्रभावशाली ढंग से उसकी अज्ञानता, खोखलेपन, कमियों से परिचित कराया। नवीन समाज बनाने की ओर साहित्य को आकर्षित करने की पहल कथा-साहित्य में प्रेमचन्द ने ही की है।

प्रेमचन्द के घर का माहौल साहित्यिक नहीं था। गरीबी पूरी थी। उनका जन्म सन् 1880 ई. में बनारस के पास लमही नामक गाँव में हुआ और देहान्त सन् 1936 ई. में काशी में हुआ। प्रेमचन्द का वास्तविक नाम धनपतराय था। निम्न मध्यवर्गीय घर में जन्म लेने के कारण उनका पूरा जीवन ही आर्थिक संकटों में बीता। आर्थिक दरिद्रता के साथ प्रियजन बिछोह की घोर पीड़ा भी उन्होंने सही। तीन बहनों में दो की अकाल मृत्यु हुई। जब वे आठ वर्ष के थे उनकी माता का देहान्त हो गया। दुःखों ने धनपतराय को प्रेमचन्द बनाया था। पढ़ने की रुचि खूब थी। तेरह वर्ष की अवस्था तक उर्दू की कई रचनाएँ वे पढ़ चुके थे। पढ़ना उनका व्यसन था।

हिंदी साहित्य में उनका योगदान अप्रतिम है। हिंदी में लिखने से पूर्व वे उर्दू में लिखा करते थे। प्रेमचन्द की सबसे पहली मौलिक कहानी 'संसार का अनमोल रत्न' बताई जाती है। जो 1907 ई. में 'जमाना' में छपी थी। 1908 ई. में उनका उर्दू कहानी संग्रह 'सोजेवतन' प्रकाशित हुआ। हिंदी में लिखा गया उनका पहला उपन्यास 'सेवासदन' था। इससे पूर्व 'वरदान', 'प्रतिज्ञा', उर्दू में आ चुके थे

जिनका बाद में उन्होंने हिंदी में अनुवाद किया। 'प्रेमाश्रम', 'निर्मला', 'रंगभूमि', 'कायाकल्प', 'गबन', 'कर्मभूमि' और 'गोदान' उनके अन्य उपन्यास हैं। प्रेमचन्द का अन्तिम उपन्यास 'मंगल सूत्र' अपूर्ण ही रह गया। 'गोदान' उनकी श्रेष्ठ औपन्यासिक कृति मानी जाती है। प्रेमचन्द ने लगभग 300 कहानियाँ रचीं जो कि 'सप्तसरोज', 'प्रेम पचीसी', 'प्रेम द्वादशी', 'प्रेम प्रतिमा', 'नारी जीवन की कहानियाँ', 'गल्प रत्न' आदि संग्रहों में संकलित हैं। कथाकार के अतिरिक्त प्रेमचन्द नाटककार, निबन्धकार, सम्पादक और अनुवादक भी थे। प्रेमचन्द ने 'हंस', 'माधुरी' आदि पत्रिकाओं का सम्पादन भी किया।

प्रेमचन्द का कथा संसार अपने आसपास की गुर्बत, किसानी जीवन की छोटी-बड़ी समस्याओं और आपबीते कष्टों पर आधारित है। समाज की हर समस्या पर प्रेमचन्द का ध्यान था। विरोध का साहस उनमें खूब था। बालमन से लेकर वृद्ध जनों की परेशानियों को लेकर भी प्रेमचन्द ने मार्मिक कहानियाँ लिखीं। 'बेटों वाली विधवा' वृद्धों के अन्तिम समय को बिताने की समस्या को सामने लाती है जब उनकी इन्द्रियाँ शिथिल हो जाती हैं वे मुँह देखा हो जाते हैं ऐसे में अपने घर में मरने तक उनका आदर सत्कार सेवा होते रहना संकट का विषय बनता जा रहा है। इसी विषय पर यह कहानी आश्रित है। प्रेमचन्द ने सहज, सरल, मुहावरेदार शैली में समाज के विविध पक्षों को साकार कर दिया है जिसमें रोचकता सर्वत्र विद्यमान है।

बेटों वाली विधवा : प्रतिपाद्य

समाज तेजी से विकास कर रहा है, बदल रहा है और विकास के नशे में मानवीय सम्बन्ध थोथे, बेमानी होते जा रहे हैं। संवेदना वस्तुओं से जा जुड़ी है। जरूरतें हमारे दालान में डेरा डालकर बैठ गई हैं। हर ओर से वे ही दिख जाती हैं। ऐसे में भारतीय समाज की परिचायक व्यवस्था जिसमें छोटों के प्रति प्रेम, बड़ों का आदर सम्मान, जिम्मेदारी का अहसास था—कब भंग हो गई इसका भान तक हमें नहीं हो पाया। पाश्चात्य सभ्यता की आधुनिक दौड़ बुरी नहीं। उसने हमें अन्धविश्वासों, फिजूल की बातों तथा मृत रूढ़ियों के प्रति आगाह किया किन्तु इसके साथ चली आई भोगवादी प्रवृत्ति ने आदमी को घोर स्वार्थी बना इतना एकाकी कर दिया कि उसका सरोकार केवल और केवल अपने से रह गया है। सभी सम्बन्ध काम में आने तक चल पाते हैं। चूक जाने के बाद वे कब मन से उतरने लगते हैं खुद हमें पता नहीं लग पाता। ऐसी मानसिकता के घर कर जाने के बाद आपसी सम्बन्धों के जिस वर्ग को सबसे ज्यादा फजीहत, परेशानी और अपमान का सामना करना पड़ा वह घर का बुजुर्ग वर्ग था। एक समय तक अपना सब कुछ सन्तान को सौंप चुकने के बाद जब उसके पास शेष कुछ

नहीं रह जाता तब वह किसी काम का दिखाई नहीं पड़ता। माता-पिता का गौरव प्राप्त कर चुका यह वर्ग एक समय पर आकर किसी काम न आने वाली वस्तु बनकर रह जाता है। उसकी कदर, सम्मान सब तिरोहित हो जाते हैं। अपना रक्त पिलाकर पाले गए बच्चे समर्थ होकर उन माता-पिता के प्रति रूखे हो बैठते हैं।

समाज में पनपी इसी अमानवीय व्यवस्था की ओर प्रेमचन्द की कहानी 'बेटों वाली विधवा' उँगली उठाती है। वृद्धावस्था में जीवन कैसे यापन हो यह समस्या आधुनिक समाज की एक बड़ी सामाजिक समस्या बनकर उभर रही है। श्रवण-भाव रीत जाने के बाद स्वार्थपरकता ने सम्बन्धों के निर्वाह में खाई पैदा कर दी है जिसके कारण ही फूलमती, जिसके चार-चार बेटे हैं विधवा हो जाने के बाद मृतप्राय जीवन जीते हुए दर्दनाक मौत का ग्रास बन जाती है। पण्डित अयोध्यानाथ के परिवार की यह कहानी वृद्धों की दुर्दशा की ओर संकेत करती है। पण्डित अयोध्यानाथ के चार बेटे हैं--सभी लायक एवं परिपक्व हैं। सभी का कुछ न कुछ लक्ष्य है। उनके लिए अपने जीवन का जोड़ा हुआ सब कुछ अयोध्यानाथ उनके नाम कर जाते हैं—एक पक्का मकान, दो बगीचे, कई हजार के गहने और बीस हजार नगद। जब तक पण्डित अयोध्यानाथ जीवित रहे सारे बेटे-बहू आज्ञाकारी रहे। लेकिन उनकी मौत के बाद सारी सम्पत्ति बेटों के नाम हो जाने के बाद फूलमती, पण्डित अयोध्यानाथ की पत्नी अर्थात् घर की मालकिन के प्रति बेटों बहुओं का उपेक्षा का भाव गहराता जाता है। और वह नीचता की इस हद तक जा पहुँचता है कि झूठ बोल-बोलकर उसके लड़के फूलमती के गहनों तक को उससे निकलवा लेते हैं जिन्हें फूलमती ने अपनी बेटी के ब्याह के लिए बड़े सँजोकर रखा था।

माँ-बाप के पास सम्पत्ति पैसा रहने तक उनकी आज्ञा मानने वाले पुत्रों-पुत्रवधुओं की कितनी कड़वी जुबान निकल आती है कि विधवा माँ से सीधे मुँह तक कोई बात तक नहीं करता और उसे एक अँधेरी कोठरी में नौकरों से भी बदतर जीवन जीने के लिए मजबूर कर दिया जाता है। उसकी सारी आशाओं-आकांक्षाओं का दम घुट जाता है और एक दिन सुबह-सुबह घाट पर पानी लेते समय नदी में डूबकर उसे त्रास से भरी जिन्दगी से छुटकारा मिल जाता है। यह कहानी स्वार्थी समाज को अपनी अन्तर्तात्मा में झाँकने के लिए विवश करती है।

बेटों वाली विधवा

पण्डित अयोध्यानाथ का देहान्त हुआ तो सबने कहा, ईश्वर आदमी को ऐसी ही मौत दे। चार जवान बेटे थे, एक लड़की। चारों लड़कों के विवाह हो चुके थे, केवल लड़की क्वाँरी थी। सम्पत्ति भी काफी छोड़ी। एक पक्का मकान, दो बगीचे, कई हजार के गहने और बीस हजार नगद। विधवा फूलमती को पति शोक तो हुआ और कई दिन तक वह बेहाल रही, लेकिन जवान बेटों को सामने देखकर उसे ढाढस हुआ। चारों लड़के एक-से-एक सुशील, चारों बहुएँ एक-से-एक बढ़कर आज्ञाकारिणी। जब वह रात को लेटती तो चारों बारी-बारी से उसके पाँव दबातीं। वह स्नान करके उठती, तो उसकी साड़ी छाँटतीं। सारा घर उसके इशारे पर चलता था। बड़ा लड़का कामता एक दफ्तर में 50 रुपए पर नौकर था, छोटा उमांनाथ डॉक्टरी पास कर चुका था, और कहीं औषधालय खोलने की फिक्र में था, तीसरा दयानाथ बी.ए. में फेल हो गया था और पत्रिकाओं में लेख लिखकर कुछ-न-कुछ कमा लेता था, चौथा सीतानाथ चारों में सबसे कुशाग्र और होनहार था और अब की साल बी.ए. प्रथम श्रेणी में पास करके एम.ए. की तैयारी में लगा हुआ था। किसी लड़के में वह दुर्व्यसन, वह छैलापन, वह लुटाऊपन न था, जो माता-पिता को जलाता और कुल-मर्यादा को डुबाता है। फूलमती घर की मालकिन थी। गोया कि कुंजियाँ बड़ी बहू के पास रहती थीं। बुढ़िया में वह अधिकार-प्रेम न था, जो वृद्धजनों को कटु और कलहशील बना दिया करता है; किन्तु उसकी इच्छा के बिना कोई बालक मिठाई तक न मँगा सकता था।

सन्ध्या हो गई थी। पण्डित को मरे आज बारहवाँ दिन था। कल तेरही है। ब्रह्मभोज होगा। बिरादरी के लोग निमन्त्रित होंगे। उसी की तैयारियाँ हो रही थीं। फूलमती अपनी कोठरी में बैठी देख रही थी कि पल्लेदार बोरे में आटा लाकर रख रहे थे। घी के टीन आ रहे हैं। शाक-भाजी के टोकरे, शक्कर की बोरियाँ, दही के मटके चले आ रहे हैं। महापात्र के लिए दान की चीजें लाई गईं—बर्तन, कपड़े, पलंग, बिछावन, छाते, जूते, छड़ियाँ, लालटेनें आदि किन्तु फूलमती को कोई चीज नहीं दिखाई गई। नियमानुसार ये सब सामान उसके पास आने चाहिए थे। वह प्रत्येक वस्तु को देखती, उसे पसन्द करती, उसकी मात्रा में कमी-वेशी का फैसला करती, तब इन चीजों को भण्डारे में रखा जाता। क्यों उसे दिखाने

और उसकी राय लेने की जरूरत नहीं समझी गई? अच्छा! वह आटा तीन बोरी क्यों आया? उसने तो पाँच बोरों के लिए कहा था। घी भी पाँच ही कनस्तर हैं। उसने तो दस कनस्तर मँगवाए थे। इसी तरह शाक-भाजी, शक्कर, दही, दूध आदि में भी कमी की गई होगी। किसने उसके हुक्म में हस्तक्षेप किया? जब उसने एक बात तय कर दी, तब किसे उसको घटाने-बढ़ाने का अधिकार है।

आज चालीस वर्षों से घर के प्रत्येक मामले में फूलमती की बात सर्वमान्य थी। उसने सौ कहा तो सौ खर्च किए गए, एक कहा तो एक! किसी ने मीन-मेख न की। यहाँ तक कि पं. अयोध्यानाथ भी उसकी इच्छा के विरुद्ध न कहते थे; पर आज उसकी आँखों के सामने प्रत्यक्ष रूप से उसके हुक्म की उपेक्षा की जा रही है। इसे वह क्योंकर स्वीकार कर सकती?

कुछ देर तक तो वह जब्त किए बैठी रही; पर अन्त में न रहा गया। स्वायत्त शासन उसका स्वभाव हो गया था। वह क्रोध में भरी हुई आई और कामतानाथ से बोली, क्या आटा तीन ही बोरे लाए? मैंने तो पाँच बोरे के लिए कहा था और घी भी पाँच ही टिन मँगवाया। तुम्हें याद है मैंने दस कनस्तर कहा था? किफायत तो मैं बुरा नहीं समझती, लेकिन जिसने यह कुआँ खोदा, उसी की आत्मा पानी को तरसे, यह कितनी लज्जा की बात है!

कामतानाथ ने क्षमा-याचना न की। अपनी भूल स्वीकार न की, लज्जित भी नहीं हुआ। एक मिनट तो विद्रोही भाव से खड़ा रहा, फिर बोला, हम लोगों की सलाह तीन ही बोरों की हुई और तीन बोरे के लिए पाँच टिन घी काफी था। इसी हिसाब से और चीजें भी कम कर दी गई हैं।

फूलमती उग्र होकर बोली, "किसकी राय से आटा कम किया गया?"

"हम लोगों की राय से।"

"तो मेरी राय कोई चीज नहीं है?"

"है क्यों नहीं; लेकिन अपना हानि-लाभ तो हम भी समझते हैं।"

फूलमती हक्का-बक्का होकर उसका मुँह ताकने लगी। इस वाक्य का आशय उसकी समझ में न आया। अपना हानि-लाभ! अपने घर में हानि-लाभ की जिम्मेदार वह आप है। दूसरों को, चाहे वे उसके पेट के जन्मे पुत्र ही क्यों न हों, उसके कामों में हस्तक्षेप करने का क्या अधिकार? यह लौंडा तो इस ढिठाई से जवाब दे रहा है, मानो घर उसी का है, उसी ने मर-मरकर गृहस्थी जोड़ी है, मैं तो गैर हूँ! जरा हेकड़ी तो देखो!

उसने तमतमाए हुए मुख से कहा, "मेरे हानि-लाभ के जिम्मेदार तुम नहीं हो। मुझे इख्तियार है, जो उचित समझूँ वह करूँ। अभी जाकर दो बोरे आटा और पाँच टिन घी और लाओ और आगे के लिए खबरदार जो किसी ने मेरी बात काटी।"

अपने विचार से उसने काफी तम्बीह क़र दी थी। शायद इतनी कठोरता अनावश्यक थी। उसे अपनी उग्रता पर खेद हुआ। लड़के ही तो हैं, समझे होंगे, कुछ किफायत करनी चाहिए। उनसे इसलिए न पूछा होगा कि अम्माँ तो खुद हरेक काम में किफायत किया करती हैं। अगर इन्हें मालूम होता, कि इस काम में मैं किफायत पसन्द न करूँगी; तो कभी इन्हें मेरी उपेक्षा करने का साहस न होता। यद्यपि कामतानाथ अब भी उसी जगह खड़ा था और उसकी भावभंगिमा से ऐसा ज्ञात होता था कि इस आज्ञा का पालन करने के लिए वह बहुत उत्सुक नहीं है, पर फूलमती निश्चिन्त होकर अपनी कोठरी में चली गई। इतनी तम्बीह पर भी किसी को उनकी अवज्ञा करने की सामर्थ्य हो सकती है, इसकी सम्भावना का ध्यान भी उसे न आया।

पर ज्यों-ज्यों समय बीतने लगा, उस पर यह हकीकत खुलने लगी कि इस घर में अब उसकी वह हैसियत नहीं रही, जो दस-बारह दिन पहले थी। सम्बन्धियों के यहाँ से नेवते में शक्कर, मिठाई, दही, अचार आदि आ रहे थे। बड़ी बहू इन वस्तुओं को स्वामिनी-भाव से सँभाल-सँभाल कर रख रही थी। कोई भी उससे पूछने नहीं आता। बिरादरी के लोग भी जो कुछ पूछते हैं, कामतानाथ से, या बड़ी बहू से। कामतानाथ कहाँ का बड़ा इन्तजामकार है, रात-दिन भंग पिये पड़ा रहता है। किसी तरह रो-धोकर दफ्तर चला जाता है। उसमें भी महीने में पन्द्रह नागों से कम नहीं होते। वह तो कहो, साहब पण्डित जी का लिहाज करता है, नहीं अब तक कभी का निकाल देता और बड़ी बहू जैसी फूहड़ औरत भला इन बातों को क्या समझेगी? अपने कपड़े-लत्ते तक तो जतन से रख नहीं सकती, चली है गृहस्थी चलाने। भद होगी और क्या। सब मिलकर कुल की नाक कटवाएँगे। वक्त पर कोई-न-कोई चीज कम हो जाएगी। इन कामों के लिए बड़ा अनुभव चाहिए! कोई चीज तो इतनी ज्यादा बन जाएगी, कि मारी-मारी फिरेगी। कोई चीज इतनी कम बनेगी कि किसी पत्तल पर पहुँचेगी, किसी पर नहीं। आखिर इन सबों को हो क्या गया है। अच्छा बहू तिजोरी क्यों खोल रही है? वह आज मेरी आज्ञा के बिना तिजोरी खोलने वाली कौन होती है। कुंजी उसके पास है अवश्य; लेकिन जब तक मैं रुपए न निकलवाऊँ तिजोरी नहीं खोलती; आज तो इस तरह खोल रही है, मानो मैं हूँ ही नहीं। यह मुझसे न बर्दाश्त होगा?

वह झमककर उठी और बहू के पास जाकर कठोर स्वर में बोली, "तिजोरी क्यों खोलती हो बहू, मैंने तो खोलने के लिए नहीं कहा?"

बड़ी बहू ने निस्संकोच भाव से उत्तर दिया, "बाजार से सामान आया है, तो दाम न दिया जाएगा?"

"कौन चीज किस भाव से आई है और कितनी आई है, यह मुझे कुछ नहीं मालूम! जब तक हिसाब-किताब न हो जाए, रुपए कैसे दिए जाएँ?"

"हिसाब-किताब सब हो गया है?"

"किसने किया?"

"अब मैं क्या जानूँ किसने किया? जाकर मर्दों से पूछो। मुझे हुक्म मिला, रुपए लाकर दे दो। रुपए लिए जाती हूँ।"

फूलमती खून का घूँट पीकर रह गई। इस वक्त बिगड़ने का अवसर न था। घर में मेहमान स्त्री-पुरुष भरे हुए थे। अगर इस वक्त उसने लड़कों को डाँटा, तो लोग यही कहेंगे कि इनके घर में पण्डित जी के मरते ही फूट पड़ गई। दिल पर पत्थर रखकर फिर अपनी कोठरी में चली आई। जब मेहमान विदा हो जाएँगे, तब वह एक-एक की खबर लेगी। तब देखेगी, कौन उसके सामने आता है और क्या कहता है? इनकी सारी चौकड़ी भुला देगी।

किन्तु कोठरी के एकान्त में भी वह निश्चिन्त न बैठी थी। सारी परिस्थिति को गिद्ध-दृष्टि से देख रही थी। कहाँ सत्कार का कौन-सा नियम भंग होता है, कहाँ मर्यादाओं की उपेक्षा की जाती है। भोज आरम्भ हो गया। सारी बिरादरी एक साथ पंगतों में बिठा दी गई। आँगन में मुश्किल से दो सौ आदमी बैठ सकते हैं। ये पाँच सौ आदमी इतनी-सी जगह में कैसे बैठ जाएँगे? क्या आदमी के ऊपर आदमी बैठाए जाएँगे? दो पंगतों में लोग बिठाए जाते तो क्या बुराई हो जाती? यही तो होता कि बारह बजे की जगह भोज दो बजे समाप्त होता; मगर यहाँ तो सबको सोने की जल्दी पड़ी हुई है। किसी तरह यह बला सिर से टले और चैन से सोएँ। लोग कितने सटकर बैठे हुए हैं कि किसी को हिलने की भी जगह नहीं। पत्तल एक-पर-एक रखे हुए हैं। पूरियाँ ठण्डी हो गईं, लोग गरम-गरम माँग रहे हैं। मैदे की पूरियाँ ठण्डी होकर चिमड़ी हो जाती हैं। इन्हें कौन खाएगा? रसोइए को कढ़ाव पर से न जाने क्यों उठा दिया गया; यही सब बातें नाक काटने की हैं।

सहसा शोर मचा, तरकारियों में नमक नहीं, बड़ी बहू जल्दी-जल्दी नमक पीसने लगी। फूलमती क्रोध के मारे होंठ चबा रही थी, पर इस अवसर पर मुँह न खोल सकती थी। नमक पिसा और पत्तलों पर डाला गया। इतने में फिर शोर मचा, पानी गरम है, ठण्डा पानी लाओ। ठण्डे पानी का कोई प्रबन्ध नहीं था, बर्फ भी न मँगाई थी। आदमी बाजार दौड़ाया गया, मगर बाजार में इतनी रात गए बर्फ कहाँ? आदमी खाली हाथ लौट आया। मेहमानों को वही नल का पानी पीना पड़ा। फूलमती का बस चलता, तो लड़कों का मुँह नोच लेती। ऐसी छीछालेदर उसके घर में कभी न हुई थी। उस पर सब मालिक बनने के लिए मरते हैं! बर्फ जैसी जरूरी चीज मँगवाने की भी किसी को सुधि न थी! सुधि कहाँ से रहे। जब किसी को गप लड़ाने से फुर्सत मिले। मेहमान अपने दिल में क्या कहेंगे कि चले हैं बिरादरी को भोज देने और घर में बर्फ तक नहीं।

अच्छा, फिर यह हलचल क्यों मच गई! अरे लोग पंगत से उठे जा रहे हैं। क्या मामला है?

फूलमती उदासीन न रह सकी। कोठरी से निकलकर बरामदे में आई और कामतानाथ से पूछा, "क्या बात हो गई लल्ला? लोग उठे क्यों जा रहे हैं?"

कामता ने कोई जवाब न दिया। वहाँ से खिसक गया। फूलमती झुँझलाकर रह गई। सहसा कहारिन मिल गई। फूलमती ने उससे भी वही प्रश्न किया। मालूम हुआ, किसी के शोरबे में मरी हुई चुहिया निकल आई। फूलमती चित्रलिखित-सी वहीं खड़ी रह गई। भीतर ऐसा उबाल उठा कि दीवार से सिर टकरा ले। अभागे भोज का प्रबन्ध करने चले थे। इस फूहड़पन की कोई हद है, कितने आदमियों का धर्म सत्यानाश हो गया। फिर पंगत क्यों न उठ जाए? आँखों से देखकर अपना धर्म कौन गँवाएगा? आह! सारा किया धरा मिट्टी में मिल गया! सैकड़ों रुपए पर पानी फिर गया! बदनामी हुई वह अलग।

मेहमान उठ चुके थे। पत्तलों पर खाना ज्यों-का-त्यों पड़ा था। चारों लड़के आँगन में लज्जित से खड़े थे। एक-दूसरे को इल्जाम दे रहा था। बड़ी बहू अपनी देवरानियों पर बिगड़ रही थी। देवरानियाँ सारा दोष कुमुद के सिर डालती थीं। कुमुद खड़ी रो रही थी। उसी वक्त फूलमती झल्लाई हुई आकर बोली, "मुँह पे कालिख लगी कि नहीं? या अभी कुछ कसर बाकी है? डूब मरो सब-के-सब जाकर चुल्लू भर पानी में। शहर में कहीं मुँह दिखाने लायक भी नहीं रहे!"

किसी लड़के ने जवाब न दिया।

फूलमती और भी प्रचण्ड होकर बोली, "तुम लोगों को क्या? किसी को शर्म-हया तो है नहीं। आत्मा तो उसकी रो रही है; जिन्होंने अपनी जिन्दगी घर की मरजाद बनाने में खत्म कर दी। उनकी पवित्र आत्मा को तुमने क्यों कलंकित किया? सारे में थू-थू हो रही है। अब कोई तुम्हारे द्वार पर पेशाब करने तो आएगा नहीं।"

क़ामतानाथ कुछ देर तक तो चुपचाप खड़ा सुनता रहा। आखिर झुँझलाकर बोला, "अच्छा; अब चुप रहो अम्माँ। भूल हुई, हम सब मानते हैं, बड़ी भयंकर भूल हुई; लेकिन क्या अब उसके लिए घर के प्राणियों को हलाल कर डालोगी? सभी से भूलें होती हैं। आदमी पछताकर रह जाता है। किसी की जान तो नहीं मारी जाती?"

बड़ी बहू ने अपनी सफाई दी, "हम क्या जानते थे कि बीबी (कुमुद) से इतना-सा काम भी न होगा। इन्हें चाहिए था कि देखकर तरकारी कढ़ाव में डालतीं। टोकरी उठाकर क़ढ़ाव में डाल दी। इसमें हमारा क्या दोष?"

कामतानाथ ने पत्नी को डाँटा, "इसमें न कुमुद का कसूर है न तुम्हारा, न मेरा। संयोग की बात है बदनामी भाग में लिखी थी वह हुई। इतने बड़े भोज में

एक-एक मुट्ठी तरकारी कढ़ाव में नहीं डाली जाती टोकरे-के-टोकरे उँड़ेल दिए जाते हैं। कभी-कभी ऐसी दुर्घटना हो ही जाती है, पर इसमें कैसी जगहँसाई और कैसी नाक कटाई। तुम खामखाह जले पर नमक छिड़कती हो।''

फूलमती ने दाँत पीसकर कहा, ''शरमाते तो नहीं, उलटे ही बेहयाई की बातें करते हो।''

कामता ने निःसंकोच होकर कहा, ''शरमाऊँ क्यों, किसी की चोरी की है। चीनी में चींटे और आटे में घुन, यह नहीं देखे जाते। पहले हमारी निगाह न पड़ी, बस यहीं बात बिगड़ गई। नहीं, चुपके से चुहिया निकालकर फेंक देते। किसी को खबर तक न होती।''

फूलमती ने चकित होकर कहा, ''क्या कहता है, मरी चुहिया खिलाकर सबका धर्म बिगाड़ देता?''

कामता हँसकर बोला, ''क्या पुराने जमाने की बातें करती हो अम्माँ? इन बातों से धर्म नहीं जाता। यह धर्मात्मा लोग जो पत्तल पर से उठ गए हैं, इनमें ऐसा कौन है जो भेड़-बकरी का मांस न खाता हो? तालाब के कछुए और घोंघे तक तो किसी से बचते नहीं। जरा-सी चुहिया में क्या रखा था?''

फूलमती को ऐसा प्रतीत हुआ कि अब प्रलय आने में बहुत देर नहीं है। जब पढ़े-लिखे आदमियों के मन में ऐसे अधार्मिक भाव आने लगें, तो फिर धर्म की भगवान ही रक्षा करें। वह अपना-सा मुँह लेकर चली गई।

दो महीने गुजर गए हैं। रात का समय है। चारों भाई दिन के काम से छुट्टी पाकर कमरे में बैठे गप-शप कर रहे हैं। बड़ी बहू भी षड्यन्त्र में शरीक है। कुमुद के विवाह का प्रश्न छिड़ा हुआ है।

कामतानाथ ने मसनद पर टेक लगाते हुए कहा, ''दादा की बात दादा के साथ गई। मुरारी पण्डित विद्वान भी हैं और कुलीन भी होंगे। लेकिन जो आदमी अपनी विद्या और कुलीनता को रुपयों पर बेचे, वह नीच है, ऐसे नीच आदमी के लड़के से हम कुमुद का विवाह सेंत में भी न करेंगे, पाँच हजार दहेज तो दूर की बात है। उसे बताओ धता और किसी दूसरे वर की तलाश करो। हमारे पास कुल बीस हजार ही तो हैं। एक-एक हिस्से में पाँच-पाँच हजार आते हैं। पाँच हजार दहेज में दे दें, तो और पाँच हजार नेग-न्योछावर, बाजे-गाजे में उड़ा दें, तो फिर हमारी तो बधिया ही बैठ जाएगी।''

उमानाथ बोले, ''मुझे अपना औषधालय खोलने के लिए कम-से-कम पाँच हजार की जरूरत है। मैं अपने हिस्से में से एक पाई भी नहीं दे सकता। फिर खुलते ही आमदनी तो होगी नहीं। कम-से-कम साल-भर घर से खाना पड़ेगा।''

दयानाथ एक समाचार-पत्र देख रहे थे। आँखों से ऐनक उतारते हुए बोले, ''मेरा विचार भी एक पत्र निकालने का है। प्रेस और पत्र में कम-से-कम दस हजार का कैपिटल चाहिए। पाँच हजार मेरे रहेंगे, तो कोई-न-कोई साझेदार पाँच हज़ार का मिल जाएगा। पत्रों में लेख लिखकर मेरा निर्वाह नहीं हो सकता।''

कामतानाथ ने सिर हिलाते हुए कहा, ''अजी, राम भजो, सेंत में कोई लेख छापता नहीं, रुपए कौन दिए देता है।''

दयानाथ ने प्रतिवाद किया, ''नहीं यह बात तो नहीं है। मैं तो कहीं भी बिना पेशगी पुरस्कार लिए नहीं लिखता।''

कामता ने जैसे अपने शब्द वापस लिए, ''तुम्हारी बात मैं नहीं कहता भाई! तुम तो थोड़ा बहुत मार लेते हो; लेकिन सबको तो नहीं मिलता।''

बड़ी बहू ने श्रद्धाभाव से कहा, ''कन्या भाग्यवान हो, तो दरिद्र घर में सुखी रह सकती है। अभागी हो, तो राजा के घर में भी रोएगी। यह सब नसीबों का खेल है।''

कामतानाथ ने स्त्री की ओर प्रशंसा भाव से देखा, फिर इसी साल हमें सीता का विवाह भी करना है।

सीतानाथ सबसे छोटा था। सिर झुकाए भाइयों की स्वार्थ-भरी बातें सुन-सुनकर कुछ कहने के लिए उतावला हो रहा था। अपना नाम सुनते ही बोला, ''मेरे विवाह की आप लोग चिन्ता न करें। मैं जब तक किसी धन्धे में न लग जाऊँगा, विवाह का नाम भी न लूँगा, और सच पूछिए तो मैं विवाह करना नहीं चाहता। देश को इस समय बालकों की जरूरत नहीं, काम करने वालों की जरूरत है। मेरे हिस्से के रुपए आप कुमुद के विवाह में खर्च कर दें। सारी बातें तय हो जाने के बाद यह उचित नहीं कि पण्डित मुरारीलाल से सम्बन्ध तोड़ लिया जाय।''

उमा ने तीव्र स्वर में कहा, ''दस हजार कहाँ से आएँगे?''

सीता ने डरते हुए कहा, ''मैं तो अपने हिस्से के रुपए देने को कहता हूँ।''

''और शेष?''

''मुरारीलाल से कहा जाए कि दहेज में कुछ कमी कर दें। वह इतने स्वार्थांध नहीं हैं कि इस अवसर पर कुछ बल खाने को तैयार न हो जाएँ; अगर वह तीन हजार में सन्तुष्ट हो जाएँ तो पाँच हजार में विवाह हो सकता है।''

उमा ने कामतानाथ से कहा, ''सुनते हैं भाई साहब, इनकी बातें?''

दयानाथ बोल उठे, ''तो इसमें आप लोगों का क्या नुकसान है? यह अपने रुपए दे रहे हैं, खर्च कीजिए। मुरारी पण्डित से हमारा कोई बैर नहीं है। मुझे तो इस बात की खुशी हो रही है भला हम में कोई तो त्याग करने योग्य है। इन्हें तत्काल रुपए की जरूरत नहीं है। सरकार से वजीफा पाते ही हैं। पास होने

पर कहीं-न-कहीं जगह मिल जाएगी। हम लोगों की हालत तो ऐसी नहीं।''

कामतानाथ ने दूरदर्शिता का परिचय दिया, ''नुकसान की एक ही कही। हम में से एक को कष्ट हो, तो क्या और लोग बैठे देखेंगे? यह अभी लड़के हैं, इन्हें क्या मालूम समय पर एक रुपया एक लाख का काम करता है? कौन जानता है, कल इन्हें विलायत जाकर पढ़ने के लिए सरकारी वजीफा मिल जाए, या सिविल सर्विस में आ जाएँ। उस वक्त सफर की तैयारियों में चार-पाँच हजार लग जाएँगे। तब किसके सामने हाथ फैलाए फिरेंगे? मैं यह नहीं चाहता कि दहेज के पीछे इनकी जिन्दगी नष्ट हो जाए।''

इस तर्क ने सीतानाथ को भी तोड़ लिया। सकुचाता हुआ बोला, ''हाँ यदि ऐसा हुआ तो बेशक मुझे रुपए की जरूरत होगी।''

''क्यों ऐसा होना असम्भव है?''

''असम्भव तो मैं नहीं समझता, लेकिन कठिन अवश्य है। वजीफे उन्हें मिलते हैं, जिसके पास सिफारिशें होती हैं, मुझे कौन पूछता है?''

''कभी-कभी सिफारिशें धरी रह जाती हैं और बिना सिफारिशवाले बाजी मार ले जाते हैं।''

''तो आप जैसा उचित समझें। मुझे यहाँ तक मंजूर है कि चाहे मैं विलायत न जाऊँ पर कुमुद अच्छे घर जाए।''

कामतानाथ ने निष्ठा-भाव से कहा, ''अच्छा घर दहेज देने से नहीं मिलता भैया! जैसा तुम्हारी भाभी ने कहा, यह नसीबों का खेल है। मैं तो चाहता हूँ कि मुरारीलाल को जवाब दे दिया जाए और कोई ऐसा वर खोजा जाय, जो थोड़े में राजी हो जाए। इस विवाह में मैं एक हजार से ज्यादा खर्च नहीं कर सकता। पण्डित दीनदयाल कैसे हैं?''

उमा ने प्रसन्न होकर कहा, ''बहुत अच्छे। एम.ए., बी.ए. न सही, जजमानी से अच्छी आमदनी है।''

दयानाथ ने आपत्ति की, ''अम्माँ से भी तो पूछ लेना चाहिए।''

कामतानाथ को इसकी कोई जरूरत न महसूस हुई। बोले, ''उनकी तो जैसे बुद्धि ही भ्रष्ट हो गई है। वही पुराने युग की बातें। मुरारीलाल के नाम पर उधार खाए बैठी हैं। यह नहीं समझतीं कि वह जमाना नहीं रहा। उनको तो बस कुमुद मुरारी पण्डित के घर जाए, चाहे हम लोग तबाह हो जाएँ।''

उमा ने एक शंका उपस्थित की, ''अम्माँ अपने सब गहने कुमुद को दे देंगी, देख लीजिएगा।''

कामतानाथ का स्वार्थ नीति से विद्रोह न कर सका। बोले, ''गहनों पर उनका पूरा अधिकार है। यह उनका स्त्री धन है। जिसे चाहें दे सकती हैं।''

उमा ने कहा, ''स्त्री धन है तो क्या वह उसे लुटा देंगी। आखिर वह भी

तो दादा की ही कमाई है।"

"किसी की कमाई हो। स्त्री धन पर उनका अधिकार है।"

"यह कानूनी गोरखधन्धे हैं। बीस हजार में तो चार हिस्सेदार हों और दस हजार के गहने अम्माँ के पास रह जाएँ। देख लेना, इन्हीं के बल पर वह कुमुद का विवाह मुरारी पण्डित के घर करेंगी।"

उमानाथ इतनी बड़ी रकम को इतनी आसानी से नहीं छोड़ सकता। वह कपट-नीति में कुशल है। कोई कौशल रचकर माता से सारे गहने ले लेगा। उस वक्त तक कुमुद के विवाह की चर्चा करके फूलमती को भड़काना उचित नहीं। कामतानाथ ने सिर हिलाकर कहा, "भई, मैं इन चालों को पसन्द नहीं करता।"

उमानाथ ने खिसियाकर कहा, "गहने दस हजार से कम के न होंगे।"

कामतानाथ अविचलित स्वर में बोले, "कितने ही के हों, मैं अनीति में हाथ नहीं डालना चाहता।"

"तो आप अलग बैठिए! हाँ, बीच में भाँजी न मारिएगा।"

"मैं अलग रहूँगा।"

"और तुम सीता?"

"मैं भी अलग रहूँगा।"

लेकिन जब दयानाथ से यही प्रश्न किया गया; तो वह उमानाथ का सहयोग करने को तैयार हो गया। दस हजार में ढाई हजार तो उसके होंगे ही। इतनी बड़ी रकम के लिए यदि कुछ कौशल भी करना पड़े तो क्षम्य है।

फूलमती रात को भोजन करके लेटी थीं कि उमा और दया उसके पास जाकर बैठ गए। दोनों ऐसा मुँह बनाए हुए थे, मानो कोई भारी विपत्ति आ पड़ी है। फूलमती ने सशंक होकर पूछा, "तुम दोनों घबड़ाए हुए मालूम होते हो।"

उमा ने सिर खुजलाते हुए कहा, "समाचार-पत्रों में लेख लिखना बड़े जोखिम का काम है अम्माँ। कितना ही बचकर लिखो; लेकिन कहीं-न-कहीं पकड़ हो ही जाती है। दयानाथ ने एक लेख लिखा था। उस पर पाँच हजार की जमानत माँगी गई है! अगर कल तक जमानत न जमा कर दी गई, तो गिरफ्तार हो जाएँगे और दस साल की सजा ठुक जाएगी।"

फूलमती ने सिर पीटकर कहा, "तो ऐसी बातें क्यों लिखते हो बेटा, जानते नहीं हो आजकल हमारे अदिन आए हुए हैं। जमानत किसी तरह टल नहीं सकती?"

दयानाथ ने अपराधी-भाव से उत्तर दिया, "मैंने तो अम्माँ ऐसी कोई बात नहीं लिखी थी; लेकिन किस्मत को क्या करूँ? हाकिम जिला इतना कड़ा है कि जरा भी रियायत नहीं करता। मैंने जितनी दौड़-धूप हो सकती थी, वह सब कर

ली।''

''तो तुमने कामता से रुपए का प्रबन्ध करने को नहीं कहा?''

उमा ने मुँह बनाया, ''उनका स्वभाव तो तुम जानती हो अम्माँ, उन्हें रुपए प्राणों से प्यारे हैं। उन्हें चाहे काला पानी हो जाए, वह एक पाई न देंगे।''

दयानाथ ने समर्थन किया, ''मैंने तो उनसे इसका जिक्र ही नहीं किया।''

फूलमती ने चारपाई से उठते हुए कहा, ''चलो, मैं कहती हूँ, देगा कैसे नहीं? रुपए इसी दिन के लिए होते हैं कि गाड़कर रखने के लिए?''

उमानाथ ने माता को रोककर कहा, ''नहीं अम्माँ, उनसे कुछ न कहो। रुपए तो ना देंगे, उल्टे और हाय-हाय मचाएँगे। उनको अपनी नौकरी की खैरियत मनानी है, इन्हें घर में रहने भी न देंगे। अफसरों में जाकर खबर दे दें तो आश्चर्य नहीं।''

फूलमती ने लाचार होकर कहा, ''तो फिर जमानत का क्या प्रबन्ध करोगे? मेरे पास तो कुछ नहीं है। हाँ, मेरे गहने हैं, इन्हें ले जाओ, कहीं गिरों रखकर जमानत दे दो और आज से कान पकड़ो कि किसी पत्र में एक शब्द भी न लिखोगे।''

दयानाथ कानों पर हाथ रखकर बोला, ''यह तो नहीं हो सकता अम्माँ, कि तुम्हारे जेवर लेकर मैं अपनी जान बचाऊँ। दस-पाँच साल की कैद ही तो होगी, झेल लूँगा। यहीं बैठा-बैठा क्या कर रहा हूँ।''

फूलमती छाती पीटते हुए बोली, ''कैसी बातें मुँह से निकालते हो बेटा, मेरे जीते जी तुम्हें कौन गिरफ्तार कर सकता है? उसका मुँह झुलस दूँगी। गहने इसी दिन के लिए हैं या और किसी दिन के लिए। जब तुम्हीं न रहोगे, तो गहने लेकर क्या आग में झोंकूँगी।''

उसने पिटारी लाकर उसके सामने रख दी।

दया ने उमा की ओर जैसे फरियाद की आँखों से देखा, और बोला, ''आपकी क्या राय है भाई साहब? इसी मारे मैं कहता था, अम्माँ को बताने की जरूरत नहीं। जेल ही तो हो जाती या और कुछ।''

उमा ने जैसे सिफारिश करते हुए कहा, ''यह कैसे हो सकता था कि इतनी बड़ी वारदात हो जाती और अम्माँ को खबर न होती। मुझसे यह नहीं हो सकता था कि सुनकर पेट में डाल लेता; मगर अब करना क्या चाहिए; यह मैं खुद निर्णय नहीं कर सकता। न तो यही अच्छा लगता है कि तुम जेल जाओ और न यही अच्छा लगता है कि अम्माँ के गहने गिरों रखे जाएँ।''

फूलमती ने व्यथित कण्ठ से पूछा, ''क्या तुम समझते हो मुझे गहने तुमसे ज्यादा प्यारे हैं। मैं तो अपने प्राण तक तुम्हारे ऊपर न्यौछावर कर दूँ। गहनों की बिसात ही क्या है?''

दया ने दृढ़ता से कहा, "अम्माँ तुम्हारे गहने तो न लूँगा, चाहे मुझ पर कुछ ही क्यों न आ पड़े। जब आज तक तुम्हारी कुछ सेवा न कर सका; तो किस मुँह से तुम्हारे गहने उठा ले जाऊँ। मुझ जैसे कपूत को तो तुम्हारी कोख से जन्म ही न लेना चाहिए था। सदा तुम्हें कष्ट देता रहा।"

फूलमती ने भी उतनी ही दृढ़ता से कहा, "तुम अगर यों न लोगे, तो मैं खुद जाकर इन्हें गिरों रख दूँगी और हाकिम जिला के पास जाकर जमानत कर आऊँगी, अगर इच्छा हो तो यह परीक्षा भी ले लो। आँखें बन्द हो जाने के बाद क्या होगा, भगवान जानें; लेकिन जब तक जीती हूँ, कोई तुम्हारी ओर तिरछी आँखों से देख नहीं सकता।"

उमानाथ ने मानो माता पर एहसान रखकर कहा, "अब तो हमारे लिए कोई रास्ता नहीं रहा दयानाथ! क्या हरज है, ले लो; मगर याद रक्खो, ज्योंही हाथ में रुपए आ जाएँ गहने छुड़ाने पड़ेंगे। सच कहते हैं, मातृत्व दीर्घ तपस्या है। माता के सिवाय इतना स्नेह और कौन कर सकता है। हम बड़े अभागे हैं कि माता के प्रति जितनी श्रद्धा रखनी चाहिए उसका शतांश नहीं कर रखते।"

दोनों ने जैसे बड़े धर्म-संकट में पड़कर गहनों की पिटारी सँभाली और चलते बने। माता वात्सल्य-भरी आँखों से उनकी ओर देख रही थी, और उसकी सम्पूर्ण आत्मा का आशीर्वाद जैसे उन्हें अपनी गोद में समेट लेने के लिए व्याकुल हो रहा था। आज कई महीने के बाद उनके भग्न मातृ-हृदय को अपना सर्वस्व अर्पण करके जैसे आनन्द की विभूति मिली। उसकी स्वामिनी-कल्पना इसी त्याग के लिए, इसी आत्म-समर्पण के लिए जैसे कोई मार्ग ढूँढ़ती रहती थी। अधिकार या लोभ या ममता की वहाँ गन्ध तक न थी। त्याग ही उसका आनन्द और त्याग ही उसका अधिकार है। आज अपना खोया हुआ अधिकार पाकर, अपनी सिरजी हुई प्रतिमा पर अपने प्राणों की भेंट करके वह निहाल हो गई।

तीन महीने और गुजर गए। माँ के गहनों पर हाथ साफ करके चारों भाई उसकी दिलजोई करने लगे थे। अपनी स्त्रियों को भी समझाते रहते थे कि उसका दिल न दुखाएँ। अगर थोड़े शिष्टाचार से उसकी आत्मा को शान्ति मिलती है, तो इसमें क्या हानि है। चारों करते अपने मन की, पर माता से सलाह ले लेते। या ऐसा जाल फैलाते कि वह सरला उनकी बातों में आ जाती और हरेक काम में सहमत हो जाती। बाग का बेचना उसे बहुत बुरा लगता था; लेकिन चारों ने ऐसी माया रची कि वह उसे बेचने पर राजी हो गई; किन्तु कुमुद के विवाह के विषय में मतैक्य न हो सका। माँ पं. मुरारीलाल पर जमी हुई थी, लड़के दीनदयाल पर अड़े हुए थे। एक दिन आपस में कलह हो गई।

फूलमती ने कहा, "माँ-बाप की कमाई में बेटी का हिस्सा भी है। तुम्हें सोलह हजार का बाग मिला, पच्चीस हजार का एक मकान। बीस हजार नगद हैं। क्या पाँच हजार भी कुमुद का हिस्सा नहीं है?"

कामता ने नम्रता से कहा, "अम्माँ, कुमुद आपकी लड़की है, तो हमारी बहिन है। आप दो-चार साल में प्रस्थान कर जाएँगी, पर हमारा और उसका बहुत दिनों तक सम्बन्ध रहेगा। तब यथाशक्ति कोई ऐसी बात न करेंगे, जिससे उसका अमंगल हो; लेकिन हिस्से की बात कहती हो; तो कुमुद का हिस्सा कुछ नहीं। दादा जीवित थे तब और बात थी। वह उसके विवाह में जितना चाहते खर्च करते। कोई उनका हाथ न पकड़ सकता था; लेकिन अब तो हमें एक-एक पैसे की किफायत करनी पड़ेगी, जो काम एक हजार में हो जाए उसके लिए पाँच हजार खर्च करना कहाँ की बुद्धिमानी है।"

उमानाथ ने सुधारा, "पाँच हजार क्यों, दस हजार कहिए!"

कामता ने भवें सिकोड़कर कहा, "नहीं, मैं पाँच हजार ही कहूँगा। एक विवाह में पाँच हजार खर्च करने की हमारी हैसियत नहीं है।"

फूलमती ने जिद पकड़कर कहा, "विवाह तो मुरारीलाल के पुत्र से ही होगा, चाहे पाँच हजार खर्च हों, चाहे दस हजार। मेरे पति की कमाई है। मैंने मर-मरकर जोड़ा। अपनी इच्छा से खर्च करूँगी। तुम्हीं ने मेरी कोख से नहीं जन्म नहीं लिया है। कुमुद भी उसी कोख से आई है। मेरी आँखों में तुम सब बराबर हो। मैं किसी से कुछ माँगती नहीं। तुम बैठे तमाशा देखो मैं सब कुछ कर लूँगी, बीस हजार कुमुद का है।"

कामतानाथ को अब कड़वे सत्य की शरण लेने के सिवा और कोई मार्ग न रहा। बोला, "अम्माँ, तुम बरबस बात बढ़ाती हो। जिन रुपयों को तुम अपना समझती हो, वह तुम्हारे नहीं हैं, हमारे हैं। तुम हमारी अनुमति के बिना उसमें से कुछ नहीं खर्च कर सकतीं!"

फूलमती को जैसे सर्प ने डस लिया—"क्या कहा! फिर तो कहना? मैं अपने ही संचे रुपये अपनी इच्छा से खर्च नहीं कर सकती।"

"वह रुपये तुम्हारे नहीं रहे, हमारे हो गए।"

"तुम्हारे होंगे, लेकिन मेरे मरने के पीछे।"

"नहीं, दादा के मरते ही हमारे हो गए।"

उमानाथ ने बेहयाई से कहा, "अम्माँ कानून-कायदा तो नहीं जानतीं, नाहक उलझती हैं।"

फूलमती क्रोध-विह्वल होकर बोली, "भाड़ में जाए तुम्हारा कानून। मैं ऐसे कानून को नहीं मानती। तुम्हारे दादा ऐसे कोई बड़े धन्नासेठ न थे। मैंने ही पेट और तन काटकर यह गृहस्थी जोड़ी है, नहीं आज बैठने को छाँह न मिलती! मेरे

जीते जी तुम मेरे रुपये नहीं छू सकते। मैंने तीन भाइयों के विवाह में दस-दस हजार खर्च किए हैं। वही मैं कुमुद के विवाह में भी खर्च करूँगी।''

कामतानाथ भी गर्म पड़ा—आपको कुछ भी खर्च करने का अधिकार नहीं है।

उमानाथ ने बड़े भाई को डाँटा—आप खामख्वाह अम्माँ के मुँह लगते हैं भाई साहब! मुरारीलाल को पत्र लिख दीजिए कि तुम्हारे यहाँ कुमुद का विवाह न होगा। बस, छुट्टी हुई। यह कायदा-कानून तो जानतीं नहीं, व्यर्थ की बहस करती हैं।

फूलमती ने संयमित स्वर में कहा—अच्छा, क्या कानून है, जरा मैं भी सुनूँ?

उमा ने निरीह भाव से कहा—कानून यही है कि बाप के मरने के बाद जायदाद बेटों की हो जाती है। माँ का हक केवल रोटी-कपड़े का है।

फूलमती ने तड़पकर पूछा—किसने यह कानून बनाया है?

उमा शान्त-स्थिर स्वर में बोला—हमारे ऋषियों ने, महाराज मनु ने, और किसने?

फूलमती एक क्षण अवाक् रहकर आहत कंठ से बोली—तो इस घर में मैं तुम्हारे टुकड़ों पर पड़ी हुई हूँ?

उमानाथ ने न्यायाधीश की निर्ममता से कहा—तुम जैसा समझो।

फूलमती की सम्पूर्ण आत्मा मानो इस वज्रपात से चीत्कार करने लगी। उसके मुख से जलती हुई चिनगारियों की भाँति यह शब्द निकल पड़े—मैंने घर बनवाया; मैंने सम्पत्ति जोड़ी, मैंने तुम्हें जन्म दिया, पाला और आज मैं इस घर में गैर हूँ? मनु का यही कानून है और तुम उसी कानून पर चलना चाहते हो? अच्छी बात है। अपना घर-द्वार लो। मुझे तुम्हारी आश्रिता बनकर रहना स्वीकार नहीं! इससे कहीं अच्छा है कि मर जाऊँ। वाह रे अन्धेर! मैंने पेड़ लगाया और मैं ही उसकी छाँह में खड़ी नहीं हो सकती; अगर यही कानून है, तो इसमें आग लग जाए।

चारों युवकों पर माता के इस क्रोध और आतंक का कोई असर न हुआ। कानून का फौलादी कवच उनकी रक्षा कर रहा था। इन काँटों का उन पर क्या असर हो सकता था?

जरा देर में फूलमती उठकर चली गई। आज जीवन में पहली बार उसका वात्सल्य-भग्न मातृत्व अभिशाप बनकर उसे धिक्कारने लगा। जिस मातृत्व को उसने जीवन की विभूति समझा था, जिसके चरणों पर वह सदैव अपनी समस्त अभिलाषाओं और कामनाओं को अर्पित करके अपने को धन्य मानती थी, वही मातृत्व आज उसे अग्निकुंड-सा जान पड़ा, जिसमें उसका जीवन जलकर भस्म हो रहा था।

सन्ध्या हो गई थी। द्वार पर नीम का वृक्ष सिर झुकाए निस्तब्ध खड़ा था, मानो संसार की गति पर क्षुब्ध हो रहा हो। अस्ताचल की ओर प्रकाश और जीवन का देवता फूलमती के मातृत्व की ही भाँति अपनी चिता में जल रहा था।

फूलमती अपने कमरे में जाकर लेटी, तो उसे मालूम हुआ, उसकी कमर टूट गई है। पति के मरते ही लड़के उसके शत्रु हो जाएँगे, उसको स्वप्न में भी गुमान न था। जिन लड़कों को उसने हृदय-रक्त पिला-पिलाकर पाला, वही आज उसके हृदय पर यों आघात कर रहे हैं। अब वह घर उसे काँटों की सेज लग रहा था। जहाँ उसकी कुछ कद्र नहीं, कुछ गिनती नहीं, वहाँ अनाथों की भाँति पड़ी रोटियाँ खाए, यह उसकी अभिमानी प्रकृति के लिए असह्य था।

पर उपाय ही क्या था? वह लड़कों से अलग होकर रहे भी तो नाक किसकी कटेगी! संसार उसे थूके तो क्या, और लड़कों को थूके तो क्या, बदनामी तो उसी की है। दुनिया यही तो कहेगी कि चार जवान बेटों के होते बुढ़िया अलग पड़ी हुई मजूरी करके पेट पाल रही है। जिन्हें उसने हमेशा नीच समझा, वही उस पर हँसेंगे। नहीं, वह अपमान इस अनादर से कहीं ज्यादा हृदयविदारक था। अब अपना और घर का परदा ढँका रखने में ही कुशल है। हाँ, अब उसे अपने को नई परिस्थितियों के अनुकूल बनाना पड़ेगा। ईश्वर की यही इच्छा है, अपने बेटों की बातें और लातें गैरों की बातों और लातों की अपेक्षा फिर भी गनीमत है।

वह बड़ी देर तक मुँह ढाँपे अपनी दशा पर रोती रही। सारी रात इसी आत्मवेदना में कट गई। शरद का प्रभात डरता-डरता उषा की गोद से निकला, जैसे कोई कैदी छिपकर जेल से भाग आया हो। फूलमती अपने नियम के विरुद्ध आज तड़के ही उठी, रात-भर में उसका मानसिक परिवर्तन हो चुका था। सारा घर सो रहा था। और वह आँगन में झाड़ू लगा रही थी। रात की ओस में भीगी हुई पक्की जमीन नंगे पैरों में काँटों की तरह चुभ रही थी। पंडितजी उसे कभी इतने सवेरे उठने न देते थे। शीत उसके लिए बहुत हानिकारक थी। पर अब वह दिन नहीं। प्रकृति को भी समय के साथ बदल देने का प्रयत्न कर रही थी। झाड़ू से फुर्सत पाकर उसने आग जलाई और चावल-दाल की कंकड़ियाँ चुनने लगी। कुछ देर में लड़के जागे। बहुएँ उठीं। सभी ने बुढ़िया को सर्दी से सिकुड़े हुए काम करते देखा, पर किसी ने यह न कहा कि अम्माँ, क्यों हल्कान होती हो? शायद सब-के-सब बुढ़िया के इस मान-मर्दन पर प्रसन्न थे।

आज से फूलमती का यही नियम हो गया कि जी-तोड़कर घर का काम करना, और अन्तरंग नीति से अलग रहना। उसके मुख पर जो एक आत्मगौरव झलकता रहता था, उसकी जगह अब गहरी वेदना छाई हुई नजर आती थी। जहाँ बिजली

जलती थी, वहाँ अब तेल का दिया टिमटिमा रहा था, जिसे बुझा देने के लिए हवा का एक हल्का-सा झोंका काफी है।

मुरारीलाल को इन्कारी पत्र लिखने की बात पक्की हो चुकी थी। दूसरे दिन पत्र लिख दिया गया। दीनदयाल से कुमुद का विवाह निश्चित हो गया, दीनदयाल की उम्र चालीस से कुछ अधिक थी, मर्यादा में भी कुछ हेठे थे, पर रोटी-दाल से खुश थे। बिना किसी ठहराव के विवाह करने पर राजी हो गए। तिथि नियत हुई, बारात आई, विवाह हुआ और कुमुद विदा कर दी गई। फूलमती के दिल पर क्या गुजर रही थी, इसे कौन जान सकता है; पर चारों भाई बहुत प्रसन्न थे, मानो उनके हृदय का काँटा निकल गया हो। ऊँचे कुल की कन्या, मुँह कैसे खोलती। हरि इच्छा बेकसों का अन्तिम अवलम्ब है। घरवालों ने जिससे विवाह कर दिया, उसमें हजार ऐब हों तो भी उसका उपास्य, उसका स्वामी है। प्रतिरोध उसकी कल्पना से परे था।

फूलमती ने किसी काम में दखल न दिया। कुमुद को क्या दिया गया, मेहमानों का कैसा सत्कार किया गया, किसके यहाँ से नेवते में क्या आया, किसी बात से भी उसे सरोकार न था। उससे कोई सलाह भी ली गई तो यही कहा--बेटा, तुम लोग जो करते हो, अच्छा ही करते हो, मुझसे क्या पूछते हो।

जब कुमुद के लिए द्वार पर डोली आ गई और कुमुद माँ के गले लिपटकर रोने लगी तो वह बेटी को अपनी कोठरी में ले गई और जो कुछ सौ-पचास रुपये और दो-चार मामूली गहने उसके पास बच रहे थे, बेटी के आँचल में डालकर बोली—बेटी, मेरी तो मन की मन में रह गई; नहीं क्या आज तुम्हारा विवाह इस तरह होता और तुम इस तरह विदा की जातीं।

आज तक फूलमती ने अपने गहनों की बात किसी से न कही थी। लड़कों ने उसके साथ जो कपट-व्यवहार किया था, इसे चाहे वह अब तक न समझी हो, लेकिन इतना जानती थी कि गहने फिर न मिलेंगे और मनोमालिन्य बढ़ने के सिवा कुछ हाथ न लगेगा; लेकिन इस अवसर पर उसे अपनी सफाई देने की जरूरत मालूम हुई। कुमुद यह भाव मन में लेकर जाए कि अम्माँ ने अपने गहने बहुओं के लिए रख छोड़े, इसे वह किसी तरह न सह सकती थी, इसीलिए वह अपनी कोठरी में ले गई थी; लेकिन कुमुद को पहले ही इस कौशल की टोह मिल चुकी थी, उसने गहने और रुपये आँचल से निकालकर माता के चरणों पर रख दिए और बोली--अम्माँ, मेरे लिए तुम्हारा आशीर्वाद ही लाखों रुपयों के बराबर है। तुम इन चीजों को अपने पास रखो। न जाने अभी तुम्हें किन विपत्तियों का सामना करना पड़े?

फूलमती कहना ही चाहती थी कि उमानाथ ने आकर कहा--क्या कर रही है कुमुद? चल, जल्दी कर। साइत टली जाती है। वह लोग हाय-हाय कर रहे

हैं, फिर तो दो-चार महीने में आएगी ही, जो कुछ लेना-देना हो, ले लेना।

फूलमती के घाव पर जैसे मनों नमक पड़ गया। बोली—मेरे पास अब क्या है भैया, जो मैं इसे दूँगी। जाओ बेटी, भगवान तुम्हारा सोहाग अमर करें।

कुमुद विदा हो गई। फूलमती पछाड़ खाकर गिर पड़ी। जीवन की अन्तिम लालसा नष्ट हो गई।

एक साल बीत गया।

फूलमती का कमरा घर के सब कमरों में बड़ा और हवादार था। कई महीनों से उसने बड़ी बहू के लिए खाली कर दिया था और खुद एक छोटी-सी कोठरी में रहने लगी थी, जैसे कोई भिखारिन हो। बेटों और बहुओं से अब उसे जरा भी स्नेह न था। वह अब घर की लौंडी थी। घर के किसी प्राणी, किसी वस्तु, किसी प्रसंग से उसे प्रयोजन न था। वह केवल इसीलिए जीती थी कि मौत न आती थी। सुख या दुःख का अब उसे लेशमात्र भी ज्ञान न था। उमानाथ का औषधालय खुला, मित्रों की दावत हुई, नाच-तमाशा हुआ। दयानाथ का प्रेस खुला, फिर जलसा हुआ। सीतानाथ को वजीफा मिला और विलायत गया। फिर उत्सव हुआ। कामतानाथ के बड़े लड़के का यज्ञोपवीत-संस्कार हुआ, फिर धूमधाम हुई, लेकिन फूलमती के मुख पर आनन्द की छाया तक न आई। कामतानाथ टाइफाइड में महीने भर बीमार रहा और मरकर उठा। दयानाथ ने अबकी अपने पत्र का प्रचार बढ़ाने के लिए वास्तव में एक आपत्तिजनक लेख लिखा और छः महीने की सजा पाई। उमानाथ ने एक फौजदारी के मामले में रिश्वत लेकर गलत रिपोर्ट लिखी और उनकी सनद छीन ली गई; पर फूलमती के चेहरे पर रंज की परछाईं तक न पड़ी। उसके जीवन में अब कोई आशा, कोई दिलचस्पी, कोई चिन्ता न थी। बस, पशुओं की तरह काम करना और खाना, यही उसकी जिन्दगी के दो काम थे। जानवर मारने से काम करता है, पर खाता है मन से। फूलमती बे कहे काम करती थी, पर खाती थी विष के कौर की तरह। महीनों सिर में तेल न पड़ता, महीनों कपड़े न धुलते, कुछ परवाह नहीं। वह चेतनाशून्य हो गई थी।

सावन की झड़ी लगी हुई थी। मलेरिया फैल रहा था। आकाश में मटियाले बादल थे, जमीन पर मटियाला पानी। आर्द्र वायु शीत-ज्वर और श्वास का वितरण करती फिरती थी। घर की महरी बीमार पड़ गई। फूलमती ने घर के सारे बर्तन माँजे, पानी में भीग-भीग कर सारा काम किया। फिर आग जलाई और चूल्हे पर पतीलियाँ चढ़ा दीं। लड़कों को समय पर भोजन तो मिलना ही चाहिए। सहसा उसे याद आया कि कामतानाथ नल का पानी नहीं पीते। उसी वर्षा में गंगाजल लाने चली।

कामतानाथ ने पलंग पर लेटे-लेटे कहा—रहने दो अम्माँ, मैं पानी भर लाऊँगा। आज महरी खूब बैठी रही।

फूलमती ने मटियाले आकाश की ओर देखकर कहा—तुम भीग जाओगे बेटा, सर्दी हो जाएगी।

कामतानाथ बोले—तुम भी तो भीग रही हो। कहीं बीमार न पड़ जाओ।

फूलमती निर्मम भाव से बोली—मैं बीमार न पड़ूँगी। मुझे भगवान ने अमर कर दिया है।

उमानाथ भी वहीं बैठा था। उसके औषधालय में कुछ आमदनी न होती थी; इसीलिए बहुत चिन्तित रहता था। भाई-भावज की मुँह देखी करता रहता था। बोला—जाने भी दो भैया! बहुत दिन बहुओं पर राज कर चुकी हैं, उसका प्रायश्चित्त तो करने दो।

गंगा बढ़ी हुई थी, जैसे समुद्र हो। क्षितिज सामने के कूल से मिला हुआ था। किनारे के वृक्षों की केवल फुनगियाँ पानी के ऊपर रह गई थीं। घाट ऊपर तक पानी में डूब गए थे। फूलमती कल्सा लिये नीचे उतरी। पानी भरा और ऊपर जा रही थी कि पाँव फिसला। सँभल न सकी। पानी में गिर पड़ी। पलभर हाथ-पाँव चलाए, फिर लहरें उसे नीचे खींच ले गईं। किनारे पर दो-चार पण्डे चिल्लाए, "अरे दौड़ो, बुढ़िया डूबी जाती है।" दो-चार आदमी दौड़े भी, लेकिन फूलमती लहरों में समा गई थी, उन बलखाती हुई लहरों में, जिन्हें देखकर हृदय काँप उठता था।

एक ने पूछा—"यह बुढ़िया कौन थी?"

"अरे, वही पण्डित अयोध्यानाथ की विधवा है।"

"अयोध्यानाथ तो बड़े आदमी थे।"

"हाँ, थे तो; पर इसके भाग्य में ठोकर खाना लिखा था।"

"उनके तो कई लड़के बड़े-बड़े हैं और सब कमाते हैं?"

"हाँ, सब है भाई, मगर भाग्य भी तो कोई वस्तु है?"

आशय स्पष्ट कीजिए :

1. जिसने कुआँ खोदा उसी की आत्मा पानी को तरसे!
2. इतनी तम्बीह पर भी किसी को उसकी अवज्ञा करने की सामर्थ्य हो सकती है, उसकी सम्भावना का ध्यान भी उसे न आया।
3. पढ़े-लिखे आदमियों के मन में ऐसे अधार्मिक भाव आने लगें, तो फिर धर्म की भगवान ही रक्षा करें।
4. मातृत्व दीर्घ तपस्या है।
5. हरि इच्छा बेकसों का अन्तिम अवलम्ब है।

6. वह केवल इसीलिए जीती थी कि मौत न आती थी।
7. जानवर मारने से काम करता है पर खाता मन से है।
8. स्वायत्त शासन उसका स्वभाव हो गया था।

लघूत्तरीय प्रश्न :

1. फूलमती के कितने बेटे और बेटियाँ थीं?
2. छोटे बेटे को सजा क्यों होने वाली थी?
3. फूलमती कुमुद का विवाह पं. मुरारीलाल के बेटे से क्यों करना चाहती थी?
4. फूलमती की मृत्यु किस कारण से हुई?
5. कुमुद के विवाह में क्या मुख्य बाधा थी?
6. फूलमती के प्रति बेटों और बहुओं के अवज्ञापूर्ण व्यवहार का क्या कारण था?

विवेचनात्मक प्रश्न :

1. बेटों वाली विधवा कहानी के माध्यम से समाज के वृद्ध वर्ग की जीवनयापन की समस्या का विवेचन कीजिए।
2. फूलमती के चरित्र का विश्लेषण कीजिए।
3. 'धन ही सब सम्बन्धों का मूल है।' प्रस्तुत कहानी के आधार पर इस कथन की समीक्षा कीजिए।
4. प्रेमचन्द की प्रस्तुत कहानी की केन्द्रीय संवेदना पर अपने विचार प्रकट कीजिए।

यशपाल
(1903-1976)

मार्क्सवादी जीवन-दर्शन से प्रभावित प्रगतिशील लेखकों में यशपाल का सर्वाधिक महत्त्वपूर्ण स्थान है। यशपाल साहित्य को सोद्देश्य मानते हैं, उनका कहना है कि साहित्य जीवन के संघर्ष को अभिव्यक्त करनेवाला होना चाहिए। यशपाल का जीवन क्रान्तिकारी विचारों और घटनाओं से ओत-प्रोत रहा है। इनका जन्म 3 दिसम्बर, 1903 ई. को फिरोजपुर छावनी में हुआ। इनके परिवार की आर्थिक स्थिति इतनी कमजोर थी कि बालक यशपाल को पढ़ाई के लिए किसी रिश्तेदार के यहाँ भेजना पड़ा किन्तु वहाँ भी पढ़ाई ठीक से न होने के कारण गुरुकुल काँगड़ी के स्कूल में प्रवेश दिला दिया गया। 1917 में भयंकर बीमारी से पीड़ित होने के कारण इन्हें लाहौर के डी.ए.वी. स्कूल में भर्ती कराया गया। पारिवारिक कारणों से इससे आगे की शिक्षा फिरोजपुर छावनी में ही हुई। 1921 में यशपाल ने मैट्रिक की परीक्षा में प्रथम स्थान प्राप्त किया। इसी समय ये राजनीति में रुचि लेने लगे और रोलट एक्ट के विरोध में काँग्रेस द्वारा किए गए असहयोग आन्दोलन से इतने प्रभावित हुए कि सरकारी कॉलेज में प्रवेश और वजीफे की सुविधा को भी छोड़ दिया। किन्तु 'चौरी चौरा' की घटना के बाद यशपाल को गाँधी जी का दृष्टिकोण अच्छा नहीं लगा इसीलिए फिर पढ़ाई करने लगे और बी.ए. पास किया। किन्तु क्रान्तिकारी विचारों को चैन कहाँ? अध्यापक की नौकरी की, छोड़ दी, अखबार की नौकरी की और छोड़ दी। यशपाल का घरेलू वातावरण आर्य समाजी था और बाहरी वातावरण में गाँधी का प्रभाव था। यशपाल ने दोनों से परिवर्तनकारी चीजें ग्रहण कीं और जहाँ ये क्रान्तिकारी ऊर्जा के आड़े आए वहाँ दोनों को भी छोड़ दिया। इसी समय भगतसिंह, सुखदेव, चन्द्रशेखर आजाद इत्यादि युवकों से परिचय हुआ जिसने यशपाल को अदम्य ऊर्जा से सम्पन्न कर दिया। वे 'नवजवान भारतीय सभा' के सदस्य बन गए और क्रान्ति के पथ पर आ खड़े हुए। इस दल की सदस्यता लेते ही इनका सम्पर्क मार्क्सवाद से होने लगा। फलस्वरूप बम बनाना, फोड़ना, गोली चलाना, अँग्रेजों के विरुद्ध छिपकर किसी कार्य को अंजाम देना, क्रान्तिपूर्ण साहित्य पढ़ना-लिखना यशपाल की आदत में शुमार हो गया। इन्हीं गतिविधियों के कारण जेल की हवा खाई,

वहाँ रहते हुए बांग्ला, फ्रेंच, रूसी, इतालवी भाषाएँ सीखीं। सन् 1936 में जेल में ही प्रकाशवती से विवाह किया जो अपने आप में एक क्रान्तिकारी कदम था। 1936 ई. में जेल से छूटने के बाद इन्होंने कलम को अपना हथियार बना लिया। सर्वप्रथम 1938 ई. में 'विप्लव' नाम से पत्र निकाला। इसका उर्दू संस्करण 'बागी' नाम से निकाला। 1940 ई. में ब्रिटिश सरकार के एतराज के कारण ये पत्र बन्द करने पड़े। इसके बाद 'विप्लवी ट्रैक्ट' के नाम से पत्र निकाला, 1947 ई. में 'विप्लव' पुनः आरम्भ किया। यशपाल अपने पत्र में भारत सरकार की जन-विरोधी नीतियों की खूब आलोचना किया करते थे। इन्होंने सत्य, अहिंसा और राष्ट्रीयता-जैसे नारों पर प्रश्नचिह्न खड़े किए। यशपाल 'रक्ताभ' पत्र के प्रधान सम्पादक बने तथा कम्युनिस्ट पार्टी के साहित्यिक मासिक 'नया पथ' के भी संपादक रहें।

यशपाल में कहानी कहने की अद्‌भुत क्षमता है। उन्होंने अपनी कहानियों के माध्यम से अपने विचारों और अनुभवों को रोचक एवं प्रभावशाली ढंग से व्यक्त किया है। उनकी समस्त कहानियाँ समाज और जीवन में विद्यमान विविध स्थितियों से बुनी गई हैं। यशपाल ने अपने जीवन और परिवेश में जो देखा-समझा, उसकी प्रतिक्रिया विभिन्न कहानियों में व्यक्त की। उन्होंने बड़ी-बड़ी सैद्धान्तिक और आदर्शवादी बातें कहने वाले महलों, मठों और संस्थाओं में रहने वालों को ललकारा है क्योंकि वे वचन से अलग और कर्म से अलग—दोगला व्यवहार करने वाले हैं। समाज में पुरुष और स्त्री के लिए अलग-अलग नैतिकताएँ निश्चित हैं। धर्म और मर्यादा के नाम पर स्त्रियों पर तरह-तरह के अत्याचार किए जाते हैं। यशपाल के साहित्य में स्त्री-पुरुष सम्बन्धों की सच्चाई को सूक्ष्मता से पकड़ा गया है। उन्होंने सामाजिक यथार्थ को स्थान देते हुए झूठे आदर्शों पर कुठाराघात किया है।

यशपाल ने अपने साहित्य के माध्यम से आधुनिक जीवन के विराट रूप को विविधताओं और विभिन्नताओं के साथ पाठक के सामने साकार कर दिया है। जीवन में फैली अनेक विसंगतियों के यथार्थ चित्र खींचते हुए राजनीतिक, सांस्कृतिक मुद्दों पर खुलकर विचार व्यक्त किए हैं। उनका समस्त साहित्य मार्क्सवादी जीवन-दर्शन से प्रभावित है किन्तु मार्क्सवाद का चुनाव उन्होंने पीड़ित और दलित मानवता के उद्धार के लिए किया है जो गद्य साहित्य के विभिन्न रूपों—उपन्यास, कहानी, निबन्ध, यात्रावृत्तान्त आदि के माध्यम से व्यक्त हुआ है।

रचनाएँ

कहानी संग्रह : पिंजरे की उड़ान, वो दुनिया, ज्ञानदान, अभिशप्त, तर्क का तूफान, भस्मावृत चिनगारी, फूलों का कुर्ता, धर्मयुद्ध, उत्तराधिकारी, चित्र का शीर्षक, तुमने

क्यों कहा था, मैं सुन्दर हूँ, उत्तमी की माँ, ओ भैरवी, सच बोलने की भूल, खच्चर और आदमी, भूख के तीन दिन, लैम्पशेड।

उपन्यास : दादा कामरेड, देशद्रोही, दिव्या, पार्टी कामरेड, मनुष्य के रूप, अमिता, झूठा सच (दो भाग), बारह घण्टे, अप्सरा का शाप, क्यों फँसे?, मेरी तेरी उसकी बात।

नाटक : नशे-नशे की बात।

निबन्ध संग्रह : न्याय का संघर्ष, बात-बात में बात, जग का मुजरा, देखा-सोचा-समझा, चक्कर क्लब।

यात्रावृत्तान्त एवं संस्मरण : सिंहावलोकन (तीन भाग), बीवी जी कहती हैं—मेरा चेहरा रोबीला है, लोहे की दीवार के दोनों ओर, राह बीती, स्वर्गोद्यानः बिना साँप।

सिद्धान्त ग्रन्थ : मार्क्सवाद, गाँधीवाद की शव परीक्षा, राम-राज्य की कथा।

पुरस्कार : साहित्य सेवा के लिए रीवां सरकार द्वारा सन् 1955 में देव पुरस्कार, सोवियत लैण्ड सूचना विभाग द्वारा सन् 1970 में सोवियत लैण्ड पुरस्कार, हिंदी साहित्य सम्मेलन प्रयाग से सन् 1971 में मंगलाप्रसाद पारितोषिक, भारत सरकार की ओर से पद्मभूषण उपाधि।

करवा का व्रत : प्रतिपाद्य

'करवा का व्रत' कहानी यशपाल के 'उत्तमी की माँ' नामक कहानी-संग्रह में संकलित है। यशपाल ने अपने समूचे साहित्य में शोषण वृत्ति के प्रति आक्रोश और जड़ रूढ़ियों के प्रति विद्रोह व्यक्त किया है और इसके साथ ही साथ उन्होंने नई नैतिक मान्यताओं और नवीन जीवन सन्दर्भों की प्रतिष्ठा करने का प्रयास भी किया है। 'करवा का व्रत' कहानी भी इसी उद्देश्य को लेकर चली है। धार्मिक अन्धविश्वास समाज में विसंगति पैदा करने के महत्त्वपूर्ण कारक हैं और पुरुष द्वारा नारी को प्रयोग की वस्तु समझने की मनोवृत्ति दाम्पत्य सम्बन्धों में तनाव पैदा कर देती है—प्रस्तुत कहानी इन्हीं दोनों सामाजिक स्थितियों को लेकर चली है।

कहानी का मुख्य पात्र है कन्हैयालाल, जिसका विवाह कुछ बड़ी उम्र में होता है। विवाह के बाद एक समझदार मित्र हेमराज उसे समझाता है कि औरत को डरा-धमका के रखना चाहिए, ज्यादा प्रेम नहीं जताना चाहिए और पढ़ी-लिखी औरत के साथ तो इस मामले में ज्यादा सजगता बरतनी चाहिए। मित्र की इस सलाह को कन्हैयालाल वैवाहिक जीवन का सूत्र मानकर इस पर अमल करना शुरू कर देता है, फलस्वरूप उसकी पत्नी लाजो को डाँट-फटकार के साथ कभी-कभी थप्पड़ की मार भी सहन करनी पड़ती है। यह कार्य करने में कन्हैया

को अपने पुरुषत्व की शक्ति का सन्तोष अनुभव होता है तो दूसरी तरफ शारीरिक और अपमान की पीड़ा से लाजो दुःखी रहने लगती है।

करवा चौथ का व्रत रखने के लिए लाजो पति से सरगी का सामान लाने के लिए कहती है किन्तु उस दिन भी कन्हैया सामान न ला सकने की भूल के स्थान पर उसे डाँट लगा देता है—लाजो मन मसोस कर रह जाती है और बिना कुछ खाये-पीये पति के नाम का व्रत रख लेती है। व्रत के सारे अनुष्ठान निभाती है किन्तु उसके मन में यह अन्तर्द्वन्द्व भी बराबर चलता रहता है कि जिस पति को जन्म-जन्मान्तर तक पाने के लिए मैं यह व्रत कर रही हूँ, वह इस जीवन में तो मुझसे ऐसा बेरुखी का व्यवहार कर रहा है तो 'ऐसे' पति के लिए व्रत क्यों करूँ।

इसी अन्तर्द्वन्द्व के फलस्वरूप अंततः लाजो अपना व्रत तोड़ देती है। सन्ध्या समय पति द्वारा फिर से क्रोधित होने और मारने पर वह अपनी मर्यादा और नैतिकता को त्यागकर तीखे स्वर में कन्हैया के सामने व्रत न रखने की बात कह देती है जिसे सुनकर कन्हैया हक्का-बक्का रह जाता है। इस घटना के बाद कन्हैया का स्वभाव परिवर्तित हो जाता है।

वस्तुतः इस कहानी का मुख्य उद्देश्य पति-पत्नी के पारस्परिक सम्बन्ध को समान स्तर पर स्थापित करना है। पति के लिए पत्नी कोई इस्तेमाल की 'चीज' नहीं है, बल्कि व्यक्ति है। कहानीकार ने सुधारवादी दृष्टि का परिचय देते हुए कन्हैया और लाजो के सम्बन्ध को नए ढाँचे में ढाल दिया है। करवा चौथ के व्रत के माध्यम से यशपाल ने प्रस्तुत कहानी में नवीन मूल्यों की प्रतिष्ठा की है कि पत्नी वस्तु, दासी या पशुवत ताड़ना की अधिकारी न होकर जीवन-संगिनी, सहचरी और सबसे ऊपर एक मनुष्य है। झूठी मर्यादाएँ और अन्धविश्वास जीवन में विकृति ही पैदा करते हैं। यह कहानी विकृति के कारणों की तलाश कर, तर्क-संगत ढंग से उन्हें दूर करने की प्रेरणा देती है। यशपाल के समस्त साहित्य में दलित और शोषित वर्ग के प्रति सहानुभूति और उनका उद्धार करने की कामना प्रकट हुई है। प्रस्तुत कहानी भी समाज के आधे हिस्से अर्थात् नारी की व्यथा, विवशता और आक्रोश को वाणी देती हुई उसे पुरुष के बराबर का दर्जा देने की बात को सशक्त ढंग से उठाती है।

'करवा का व्रत' कहानी में यशपाल ने पुरुष-दम्भी मानसिकता पर पैना व्यंग्य किया है। मनोविज्ञान के नए-नए पक्षों का उद्घाटन करने की कला में यशपाल बेजोड़ हैं जो लाजो के चरित्र में साकार हो उठे हैं। कहानी की भाषा सहज, सरल, प्रवाहमयी है जो कथ्य के अनुकूल है तथा जीवन और परिवेश में ढली हुई है। रोचकता का यशपाल ने सर्वत्र ध्यान रखा है।

करवा का व्रत

कन्हैयालाल अपने दफ्तर के हमजोलियों और मित्रों से दो-तीन बरस बड़ा ही था परन्तु ब्याह उसका उन लोगों के बाद हुआ। उसके बहुत अनुरोध करने पर भी साहब ने उसे ब्याह के लिए सप्ताह भर से अधिक छुट्टी न दी थी। वह ब्याह करके लौटा तो उसके अन्तरंग मित्रों ने भी उससे वही प्रश्न पूछे जो प्रायः ऐसे अवसर पर दूसरों से पूछे जाते हैं और फिर वही परामर्श उसे दिए गए जो अनुभवी लोग नव-विवाहितों को दिया करते हैं।

हेमराज को कन्हैया समझदार मानता था। हेमराज ने समझाया—बहू को प्यार तो करना ही चाहिए पर प्यार में उसे बिगाड़ देना या सिर चढ़ा लेना भी ठीक नहीं। औरत सरकश हो जाती है तो आदमी को उम्र-भर जोरू का गुलाम ही बना रहना पड़ता है। उसकी जरूरतें पूरी करो पर रखो अपने काबू में। मार-पीट बुरी बात है पर यह भी नहीं कि औरत को मर्द का डर ही न रहे! डर उसे जरूर रहना चाहिए।...मारे नहीं तो कम से कम गुर्रा तो जरूर दे। तीन बात उसकी मानो तो एक में न भी कर दो। यह न समझ ले कि जो चाहे कर या करा सकती है। उसे तुम्हारी खुशी-नाराजगी की परवाह रहे। हमारे साहब जैसा हाल न हो जाए।...मैं तो देखकर हैरान रह गया। इम्पोरियम से कुछ चीजें लेने के लिए जा रहे थे तो घरवाली को पुकार कर रुपए माँगे। बीवी ने कह दिया—कालीन इस महीने रहने दो। अगले महीने सही तो भीगी बिल्ली की तरह बोले, ''अच्छा!'' मर्द को रुपया-पैसा तो अपने ही हाथ में रखना चाहिए। मालिक तो मर्द है।

कन्हैया के विवाह के समय नक्षत्रों का योग ऐसा था कि ससुराल वाले लड़की की विदाई कराने के लिए किसी तरह तैयार नहीं हुए। अधिक छुट्टी नहीं थी इसलिए गौने की बात फिर पर ही टल गई थी। एक तरह से अच्छा ही हुआ। हेमराज ने कन्हैया को सिखा पढ़ा दिया कि पहली ही रात तुम ऐसा मत करना कि वह समझे कि तुम उसके बिना नहीं रह सकते या बहुत खुशामद करने लगो!...अपनी मर्जी रखना, समझे! औरत और बिल्ली की जात एक। पहले दिन के व्यवहार का असर उस पर सदा रहता है। तभी तो कहते हैं कि 'गुर्बा बररोजे अव्वल कुश्तन' (बिल्ली के आते ही पहले दिन हाथ लगा दे तो फिर रास्ता नहीं पकड़ती)...तुम कहते हो पढ़ी-लिखी है तो तुम्हें और भी चौकस रहना

चाहिए। पढ़ी-लिखी यों भी मिजाज दिखाती हैं।

निःस्वार्थ भाव से हेमराज की दी हुई सीख कन्हैया ने पल्ले बाँध ली थी। उसने सोचा—उसे बाजार-होटल में खाना पड़े या घर और चौका सँभालना पड़े तो शादी का लाभ क्या? इसलिए वह लाजो को दिल्ली ले आया था। दिल्ली में सबसे बड़ी दिक्कत मकान की होती है। रेलवे में काम करने वाले, कन्हैया के जिले के बाबू ने उसे अपने क्वार्टर का एक कमरा और रसोई की जगह सस्ते किराए पर दे दी थी। सो सवा साल से मजे में चल रहा था।

लाजवंती अलीगढ़ में आठवीं जमात तक पढ़ी थी। उसे बहुत-सी चीजों के शौक थे। कई ऐसे भी शौक थे जिन्हें दूसरे घरों की लड़कियों को या नई ब्याही बहुओं को करते देखकर उसे मन मारकर रह जाना पड़ता था। उसके पिता और बड़े भाई पुराने खयाल के थे। सोचती थी ब्याह के बाद सही। उन चीजों के लिए कन्हैया से कहती। लाजो के कहने का ढंग कुछ ऐसा था कि कन्हैया का दिल इन्कार करने को न करता पर इस खयाल से कि बहू बहुत सरकश न हो जाए दो बातें मानकर तीसरी पर इनकार कर देता। लाजो मुँह फुला लेती। लाजो मुँह फुलाती तो सोचती कि मनाएँगे तो मान जाऊँगी। आखिर तो मनाएँगे ही पर कन्हैया मनाने की अपेक्षा डाँट ही देता। एक-आध बार उसने थप्पड़ भी चला दिया। मनौती की प्रतीक्षा में जब थप्पड़ पड़ गया तो दिल कटकर रह गया और लाजो अकेले में फूट-फूटकर रोई। फिर उसने सोच लिया—चलो, किस्मत में यही है तो क्या हो सकता है। वह हार मानकर खुद ही बोल पड़ी।

कन्हैया का हाथ पहले दो बार तो क्रोध की बेबसी में ही चल गया था पर जब चल गया तो उसे अपने अधिकार और शक्ति का सन्तोष अनुभव होने लगा। अपनी शक्ति अनुभव करने के नशे से बड़ा नशा दूसरा कौन होगा? इस नशे में राजा देश पर देश जीतते जाते थे, जमींदार गाँव पर गाँव और सेठ मिल और बैंक खरीदते चले जाते हैं। इस नशे की सीमा नहीं। यह चस्का पड़ा तो कन्हैया के हाथ उतना क्रोध आने की प्रतीक्षा किए बिना भी चले जाने लगे।

मार से लाजो को शारीरिक पीड़ा तो होती ही थी पर उससे अधिक होती थी अपमान की पीड़ा। ऐसा होने पर वह कई दिन के लिए उदास हो जाती। घर का सब काम करती रहती। बुलाने पर उत्तर भी दे देती। इच्छा न होने पर भी कन्हैया की इच्छा का विरोध न करती पर मन ही मन सोचती रहती, इससे तो अच्छा है मर जाऊँ। और फिर समय पीड़ा को कम कर देता। जीवन था तो हँसने और खुश होने की इच्छा भी फूट पड़ती थी, और लाजो फिर हँसने लगती। उसने सोच लिया था—मेरा पति है, जैसा भी है मेरे लिए तो यही सब कुछ है। जैसे चाहता है, वैसे ही मैं चलूँ। लाजो के सब तरह अधीन हो जाने पर भी कन्हैया की तेजी बढ़ती ही जा रही थी। वह लाजो के प्रति जितनी अधिक बेपरवाही और

स्वच्छन्दता दिखा सकता, अपने मन में उसे उतना ही अधिक अपनी समझने और प्यार का सन्तोष पाता।

क्वार के अन्त में पड़ोस की स्त्रियाँ करवा चौथ के व्रत की बात करने लगी थीं। एक-दूसरे को बता रही थीं कि उनके मायके से करवे में क्या आया। पहले बरस लाजो का भाई आकर करवा दे गया था। इस बरस भी वह प्रतीक्षा में थी। जिनके मायके दिल्ली से दूर थे, उनके यहाँ मायके से रुपए आ गए थे। कन्हैया अपनी चिट्ठी-पत्री दफ्तर के ही पते से मँगाता था। दफ्तर से आकर उसने बताया, "तुम्हारे भाई ने करवे के दो रुपए भेजे हैं।"

करवे के रुपए आ जाने से ही लाजो को सन्तोष हो गया। सोचा, भैया इतनी दूर कैसे आते? कन्हैया दफ्तर जा रहा था तो उसने अभिमान से गर्दन कन्धे पर टेढ़ी कर और लाड़ के स्वर में याद दिलाया–"हमारा सरगी के लिए क्या-क्या लाओगे..." और लाजो ने ऐसे अवसर पर लाई जाने वाली चीजें याद दिला दीं।

लाजो पड़ोस में कह आई कि उसने भी सरगी का सामान मँगाया है। करवा चौथ का व्रत भला कौन हिन्दू स्त्री नहीं रखती? जनम-जनम यही पति मिले, इसलिए दूसरे व्रतों की परवाह न करने वाली पढ़ी-लिखी स्त्रियाँ भी इस व्रत की उपेक्षा नहीं कर सकतीं।

अवसर की बात, उस दिन कन्हैया लंच की छुट्टी में साथियों के कुछ ऐसे काबू आ गया कि सवा तीन रुपए खर्च हो गए। वह लाजो का बताया सरगी का सामान घर नहीं ला सका। क़न्हैया खाली हाथ घर लौटा तो लाजो का मन बुझ गया। उसने गम खाना सीखकर रूठना छोड़ दिया था परन्तु उस साँझ मुँह लटक ही गया। आँसू पोंछ लिए और बिना बोले चौके-बर्तन के काम में लग गई। रात भोजन के समय कन्हैया ने देखा कि लाजो मुँह सुजाए है, बोल नहीं रही है तो अपनी भूल कबूल कर उसे मनाने या कोई और प्रबन्ध करने का आश्वासन देने के बजाय उसे डाँट दिया।

लाजो का मन और भी बिंध गया। कुछ ऐसा खयाल आने लगा–इन्हीं के लिए तो व्रत कर रही हूँ और यह ही ऐसी रुखाई दिखा रहे हैं।...मैं व्रत कर रही हूँ कि अगले जनम में भी 'इन' से ही ब्याह हो और इन्हें मैं सुहा ही नहीं रही हूँ...। अपनी उपेक्षा और निरादर से भी रोना आ गया। कुछ खाते न बना। ऐसे ही सो गई।

तड़के पड़ोस से रोज की अपेक्षा जल्दी ही बर्तन-भांडे खटकने की आवाजें आने लगीं। लाजो को याद आने लगा–शान्ती बता रही थी कि उसके बाबू सरगी के लिए फेनियाँ लाए थे, तार वाले बाबू की घरवाली ने बताया था कि खोये की मिठाई लाये थे। लाजो ने सोचा, उनके मर्दों को खयाल है कि हमारी बहू हमारे लिए व्रत कर रही है; इन्हें जरा भी खयाल नहीं।

लाजो का मन इतना खिन्न हो गया कि सरगी में उसने कुछ भी न खाया। न खाने पर भी पति के नाम का व्रत कैसे न रखती। सुबह-सुबह पड़ोस की स्त्रियों के साथ उसने भी करवे का व्रत न करने वाली रानी और करवे का व्रत करने वाली राजा की प्रेयसी दासी की कथा सुनने के और व्रत के दूसरे अनुष्ठान निभाये। खाना बनाकर कन्हैयालाल को दफ्तर जाने के समय खिला दिया। कन्हैया ने दफ़्तर जाते समय देखा कि लाजो मुँह सुजाये है। उसने फिर डाँटा, ''मालूम होता है दो-चार खाए बिना तुम सीधी नहीं होगी!''

लाजो को और भी रुलाई आ गई। कन्हैया दफ्तर चला गया तो वह अकेली बैठी कुछ देर रोती रही। सोचती रही—क्या जुल्म है? इन्हीं के लिए व्रत कर रही हूँ और इन्हें ही गुस्सा आ रहा है।...जनम-जनम 'ये' ही मिलें इसीलिए मैं भूखी मर रही हूँ।...बड़ा सुख मिल रहा है न?...अगले जनम में और बड़ा सुख दे देंगे?...जनम निबाहना ही मुश्किल हो रहा है।...इस जनम में तो इस मुसीबत से मर जाना अच्छा लगता है, दूसरे जनम के लिए वही मुसीबत पक्की कर रही हूँ...।

लाजो पिछली रात से भूखी थी बल्कि पिछली दोपहर से पहले का ही खाया हुआ था। भूख के मारे आँतें कुड़मुड़ा रही थीं और उस पर पति का निर्दय व्यवहार। जनम-जनम, कितने जनम तक उसे ऐसा ही व्यवहार सहना पड़ेगा, सोचकर लाजो का मन डूबने लगा। सिर में दर्द होने लगा तो वह धोती के आँचल से सिर बाँधकर खाट पर लेटने लगी तो झिझक गई, करवे के दिन बान पर नहीं लेटा या बैठा जाता। वह दीवार के साथ फर्श पर ही लेट रही।

लाजो को पड़ोसिनों की पुकार सुनाई दी। वे उसे बुलाने आई थीं। करवा चौथ का व्रत होने के कारण सभी स्त्रियाँ उपवास करके भी प्रसन्न थीं। आज करवे के कारण नित्य की तरह दोपहर के समय सीने-पिरोने, काढ़ने-बुनने का काम किया नहीं जा सकता था; करवे के दिन सूई, सिलाई और चरखा नहीं छुआ जाता। काम से छुट्टी थी और विनोद के लिए ताश या जुए की बैठक जमाने का उपक्रम हो रहा था। वे लाजो को भी उसी के लिए बुलाने आई थीं। सिर दर्द और मन के दुःख के कारण लाजो जा नहीं सकी। सिर दर्द और बदन टूटने की बात कहकर वह टाल गई और फिर सोचने लगी—यह सब तो सुबह सरगी खाए हुए हैं। जान तो मेरी ही निकल रही है।...फिर अपने दुःखी जीवन के कारण मर जाने का खयाल आया और कल्पना करने लगी कि करवा चौथ के व्रत के दिन उपवास किए-किए मर जाएँ तो इस पुण्य से जरूर ही यही पति अगले जन्म में मिल...

लाजो की कल्पना बावली हो उठी थी। वह सोचने लगी—मैं मर जाऊँ तो इनका क्या है और ब्याह कर लेंगे। जो आएगी, वह भी करवा चौथ का व्रत करेगी।

अगले जनम में दोनों का इन्हीं से ब्याह होगा, हम सौतें बनेंगी। सौत का खयाल उसे और भी बुरा लगा। फिर अपने आप समाधान हो गया। नहीं, पहले मुझसे ब्याह होगा; मैं मर जाऊँगी तो दूसरी से होगा। अपने उपवास के इतने भयंकर परिणाम की चिंता से मन अधीर हो उठा। भूख अलग व्याकुल किए थी। उसने सोचा—क्यों मैं अपना अगला जनम भी बरबाद करूँ। भूख के कारण शरीर निढाल होने पर भी खाने को मन नहीं हो रहा था परन्तु उपवास के परिणाम की कल्पना से मन क्रोध से जल उठा। वह उठ खड़ी हुई।

कन्हैयालाल के लिए उसने सुबह जो खाना बनाया था उसमें से बची दो रोटियाँ कटोरदान में पड़ी थीं। लाजो उठी और उपवास के फल से बचने के लिए उसने मन को वश कर एक रोटी रूखी ही खा ली और एक गिलास पानी पीकर फिर लेट गई। मन बहुत खिन्न था। कभी सोचती—यह मैंने क्या किया?...व्रत तोड़ दिया। कभी सोचती—ठीक ही तो किया, अपना अगला जनम क्यों बरबाद करूँ? ऐसे पड़े-पड़े झपकी आ गई।

कमरे के किवाड़ पर धम-धम सुनकर लाजो ने देखा रोशनदान से प्रकाश की जगह अन्धकार भीतर आ रहा था। समझ गई, दफ्तर से लौटे हैं। उसने किवाड़ खोले और चुपचाप एक ओर हट गई।

कन्हैयालाल ने क्रोध से उसकी ओर देखा, "अभी तक पारा नहीं उतरा? मालूम होता है झाड़े बिना नहीं उतरेगा!"

लाजो के दुखे हुए दिल पर और चोट पड़ी और पीड़ा क्रोध में बदल गई। कुछ उत्तर न दे वह घूमकर फिर दीवार के सहारे फर्श पर बैठ गई।

कन्हैयालाल का गुस्सा भी उबल पड़ा, "यह अकड़ है?...आज तुझे ठीक कर ही दूँ" उसने कहा और लाजो को बाँह से पकड़, खींचकर गिराते हुए दो थप्पड़ पूरे हाथ के जोर से ताबड़-तोड़ जड़ दिए और हाँफते हुए लात उठाकर कहा, "और मिजाज दिखा!...खड़ी हो सीधी!"

लाजो का क्रोध भी सहन की सीमा पार कर चुका था। खींची जाने पर भी फर्श से उठी नहीं। और मार खाने के लिए तैयार होकर उसने चिल्लाकर कहा, "मार ले, मार ले! जान से मार डाल! पीछा छूटे! आज ही तो मारेगा! मैंने कौन व्रत रखा है तेरे लिए जो जनम-जनम तेरी मार खाऊँगी। मार, मार डाल...।"

कन्हैयालाल का लात मारने के लिए उठा पाँव अधर में ही रुक गया। लाजो का हाथ उसके हाथ से छूट गया। वह स्तब्ध रह गया। मुँह में आई गाली भी मुँह में ही रह गई। ऐसे जान पड़ा कि अँधेरे में कुत्ते के धोखे जिस जानवर को मार बैठा था उसकी गुर्राहट से जाना कि वह शेर था; या लाजो को डाँट और मार सकने का अधिकार एक भ्रम ही था। कुछ क्षण वह हाँफता हुआ खड़ा

सोचता रहा और फिर खाट पर बैठकर चिंता में डूब गया। लाजो फर्श पर पड़ी रोती रही। उस ओर देखने का साहस कन्हैयालाल को नहीं हो रहा था। वह उठा और बाहर चला गया।

लाजो फर्श पर पड़ी फूट-फूटकर रोती रही। जब घण्टे भर रो चुकी तो उठी। चूल्हा जलाकर कम से कम कन्हैया के लिए खाना तो बनाना ही था। बड़े बेमने उसने खाना बनाया। बना चुकी तब भी कन्हैयालाल लौटा नहीं था। लाजो ने खाना ढक दिया और कमरे के किवाड़ उड़ककर फिर फर्श पर लेट गई। यही सोच रही थी, क्या मुसीबत है यह जिन्दगी! यही झेलना था तो पैदा ही क्यों हुई थी।...मैंने किया क्या था जो मारने लगे?

किवाड़ों के खुलने का शब्द सुनाई दिया। वह उठने के लिए आँसुओं से भीगे चेहरे को आँचल से पोंछने लगी। कन्हैयालाल ने आते ही एक नजर उसकी ओर डाली। उसे पुकारे बिना ही वह दीवार के साथ बिछी चटाई पर चुपचाप बैठ गया।

कन्हैयालाल का ऐसे चुप बैठ जाना नई ही बात थी पर लाजो गुस्से में कुछ न बोल रसोई में चली गई। आसन बिछाकर थाली-कटोरी रखकर खाना परोस दिया और लोटे में पानी लेकर हाथ धुलाने के लिए खड़ी थी। जब पाँच मिनट हो गए और कन्हैयालाल नहीं आया तो उसे पुकारना ही पड़ा, "खाना परोस दिया है!"

कन्हैयालाल आया तो हाथ नल से धोकर झाड़ते हुए भीतर आया। अब तक हाथ धुलाने के लिए लाजो ही उठकर पानी देती थी। कन्हैयालाल दो ही रोटी खाकर उठ गया। लाजो और देने लगी तो उसने कह दिया, "बस हो गया, और नहीं चाहिए।"

कन्हैयालाल खाकर उठा तो रोज की तरह हाथ धुलाने के लिए न कहकर नल की ओर चला गया।

लाजो मन मारकर स्वयं खाने बैठी तो देखा, कद्दू की तरकारी बिलकुल कड़वी हो रही थी। मन की अवस्था ठीक न होने से हल्दी-नमक दो-दो बार पड़ गया था। बड़ी लज्जा अनुभव हुई—हाय, इन्होंने कुछ कहा भी नहीं। यह तो जरा भी कम-ज्यादा हो जाने पर डाँट देते थे।

लाजो से दुःख में खाया नहीं गया। यों ही कुल्ला कर, हाथ धोकर इधर आई कि बिस्तर ठीक कर दे, चौका फिर समेट लेगी। देखा, कन्हैयालाल स्वयं ही बिस्तर को झाड़कर बिछा रहा था। लाजो जिस दिन से इस घर में आई थी ऐसा कभी नहीं हुआ था।

लाजो ने शरमाकर कहा, "मैं आ गई, रहने दो। किए देती हूँ।" और पति के हाथ से दरी-चादर पकड़ ली। लाजो बिस्तर करने लगी तो कन्हैयालाल दूसरी ओर से मदद करता रहा। फिर लाजो को सम्बोधन किया, "तुमने कुछ

खाया नहीं। कद्दू में नमक ज्यादा हो गया है। सुबह और पिछली रात भी तुमने कुछ नहीं खाया था। ठहरो, मैं तुम्हारे लिए दूध ले आऊँ।''

लाजो के प्रति इतनी चिन्ता कन्हैयालाल ने कभी नहीं दिखाई थी। जरूरत भी नहीं समझी थी। लाजो को उसने अपनी 'चीज' समझा था। आज वह ऐसे बात कर रहा था जैसे लाजो भी इन्सान हो; उसका भी खयाल किया जाना चाहिए। लाजो को शरम तो आ रही थी पर अच्छा भी लग रहा था। उसी रात से कन्हैयालाल के व्यवहार में एक नरमी-सी आ गई। कड़े बोल की तो बात क्या बल्कि एक झिझक-सी हर बात में, जैसे लाजो के किसी बात के बुरा मान जाने की या नाराज हो जाने की आशंका हो। कोई काम अधूरा देखता तो स्वयं करने लगता। लाजो को मलेरिया बुखार आ गया तो उसने उसे चौके के समीप नहीं जाने दिया। बर्तन भी खुद ही साफ कर लिए। कई दिन तो लाजो को बड़ी उलझन और शरम मालूम हुई पर फिर पति पर और अधिक प्यार आने लगा। जहाँ तक बन पड़ता, घर का काम उसे नहीं करने देती, प्यार से डाँट देती, ''मर्द यह काम करते अच्छे नहीं लगते...।''

उन लोगों का जीवन कुछ दूसरी ही तरह का हो गया। लाजो खाने के लिए पुकारती तो कन्हैया जिद्द करता, ''तुम सब बना लो फिर एक साथ बैठकर खाएँगे।''

कन्हैया पहले कोई पत्रिका या पुस्तक उधार लाता था तो अकेला मन ही मन पढ़ा करता था। अब लाजो को सुनाकर पढ़ता या खुद सुन लेता। यह भी पूछ लेता, ''तुम्हें नींद तो नहीं आ रही?''

साल बीतते मालूम न हुआ। फिर करवाचौथ का व्रत आ गया। जाने क्यों लाजो के भाई का मनीऑर्डर करवे के लिए न पहुँचा था। करवाचौथ से पहले दिन कन्हैयालाल दफ्तर जा रहा था। लाजो ने खिन्नता और लज्जा से कहा, ''भैया करवा भेजना शायद भूल गए।''

कन्हैयालाल ने सान्त्वना के स्वर में कहा, ''तो क्या हुआ? उन्होंने जरूर भेजा होगा। डाकखाने वालों का हाल आजकल बुरा है। शायद आज आ जाए या और दो दिन बाद आए। डाकखाने वाले आजकल मनीऑर्डर में पन्द्रह-पन्द्रह दिन लगा देते हैं। तुम व्रत-उपवास के झगड़े में मत पड़ना। तबीयत खराब हो जाती है। यों कुछ मँगाना है तो बता दो, लेते आएँगे। व्रत उपवास से होता क्या है? सब ढकोसले हैं।''

''वाह, यह कैसे हो सकता है। हम तो व्रत जरूर रखेंगे। भैया ने करवा नहीं भेजा, न सही। बात तो व्रत की है, करवे की थोड़े ही है।'' लाजो ने बेपरवाही से कहा।

सन्ध्या समय कन्हैयालाल आया तो रूमाल में बँधी छोटी गाँठ लाजो को थमाकर बोला, ''लो फेनी तो मैं ले आया हूँ पर तुम ब्रत-व्रत के झगड़े में नहीं

पड़ना।'' लाजो ने मुस्कराकर रूमाल लेकर अलमारी में रख दिया।

अगले दिन लाजो ने समय पर खाना तैयार कर कन्हैया को रसोई में पुकारा, ''आओ, खाना परस दिया है।''

कन्हैया ने जाकर देखा, खाना एक ही आदमी के लिए परोसा था।

''और तुम?'' कन्हैया ने लाजो की ओर देखा।

''वाह, मेरा तो व्रत है। सुबह सरगी भी खा ली। तुम अभी सो ही रहे थे।'' लाजो ने मुस्कराकर प्यार से बताया।

''यह बात...? तो हमारा भी व्रत रहा।'' आसन से उठते हुए कन्हैयालाल ने कहा।

लाजो ने पति का हाथ पकड़कर रोकते हुए समझाया, ''क्या पागल हो, कहीं मर्द भी करवाचौथ का व्रत रखते हैं?...तुमने सरगी कहाँ खाई है?''

''नहीं, नहीं, यह कैसे हो सकता है।'' कन्हैया नहीं माना, ''तुम्हें अगले जन्म में मेरी जरूरत है तो क्या मुझे तुम्हारी जरूरत नहीं है? या तुम भी व्रत न रखो आज?''

लाजो पति की ओर कातर आँखों से देखती हार मान गई। पति के उपासे दफ्तर जाने पर उसका हृदय गर्व से फूला नहीं समा रहा था।

आशय स्पष्ट कीजिए :

1. औरत और बिल्ली की जात एक। पहले दिन के व्यवहार का असर उस पर सदा रहता है।
2. अपनी शक्ति अनुभव करने के नशे से बड़ा दूसरा नशा कौन होगा?
3. लाजो को उसने अपनी 'चीज' समझा था।
4. लाजो की कल्पना बावली हो उठी थी।

लघूत्तरीय प्रश्न :

1. 'करवा का व्रत' कहानी में आए अन्धविश्वासों पर अपने विचार व्यक्त कीजिए।
2. कन्हैयालाल को कौन-सा कार्य करने में अपनी शक्ति का सन्तोष अनुभव होता था?
3. कन्हैयालाल को अपनी गलती का अहसास कब और कैसे हुआ?
4. कन्हैयालाल के स्वभाव में आए परिवर्तन का कारण स्पष्ट कीजिए।
5. 'किस्मत में यही है'—लाजो ऐसा कब और क्यों सोचती थी?

विवेचनात्मक प्रश्न :

1. 'पति-पत्नी का सम्बन्ध पारस्परिक प्रेम पर टिका है'—कहानी के आधार पर इस कथन की समीक्षा कीजिए।
2. 'लाजो का चरित्र पारम्परिक भारतीय नारी और आधुनिक नारी का समन्वय है'—इस कथन का तर्क संगत उत्तर दीजिए।
3. प्रस्तुत कहानी में यशपाल ने किन नवीन उद्भावनाओं की प्रतिष्ठा की है?

शानी
(1932-1987)

शानी का पूरा नाम गुलशेर अहमद खाँ शानी है। शानी को नई कहानी आन्दोलन के प्रमुख हस्ताक्षरों में से एक माना जाता है। शानी उन लेखकों के साथ दिखाई पड़ते हैं जिन्हें घर से किसी प्रकार का सांस्कृतिक-साहित्यिक वातावरण विरासत में नहीं मिला। पूरे परिवार के चरित्र से बिल्कुल अलग-थलग जिनका जीवन अपनी प्रतिभा और मोल लिए कटु अनुभवों से पहचान पा सका। जिन्होंने अपनी संवेदनाओं की ताजगी व छुअन को विपरीत स्थितियों में न केवल बरकरार रखा बल्कि उसे और गहरा, पैना, और अधिक वेग से संवेदित होते पाया। शानी आधुनिक भारत के लेखक हैं जिन्होंने बदलते संसार में गिरते-ढहते-सड़ते मूल्यों, मानवीय भावों की सच्ची तस्वीर को बिना किसी लाग-लपेट के पूरी साफगोई और निर्भीकता के साथ कथा का रूप दिया। शानी के लेखन में एक ऐसा प्रवाह है जो कुछ दूर का होकर भी पूरे शोर और वेग के साथ बह निकलता है जिसकी धार में कुछ भी जर्जरित हो चुका बच नहीं पाता।

शानी का जन्म सन् 1932 में जगदलपुर में हुआ। शानी का बचपन अनगढ़ वातावरण में पला लेकिन वहाँ भी उनकी कल्पना इत्मीनान से उड़ना न भूल सकी। उन्हें सपने आना न रुका। संवेदनशीलता ने नए संसार की अनुभूतियों का संग्रह कराया तो सपनों ने एक 'यूटोपिया' को जन्म देकर उनके भीतर वर्तमान समाज के दोगले चेहरे के प्रति कसैलापन भर दिया। अपने बारे में स्वयं लिखते हैं कि "मैं कीचड़ पर बैठा हुआ कालीन के सपने देखता था। कुछ सपने किताबों से उठाए हुए थे और कुछ मेरे अपने। और जब वे टूटते थे तो उन तकलीफों से निजात की सूरत तलाश किया करता था—कहानियों में।"

उनकी कहानियों का रचना-संसार नितान्त आज का है जहाँ पैसा एक बड़ी ताकत बन चुका है। हर तबका, वर्ग, धर्म, अपने-अपने ढंग से इस पैसे के पीछे दौड़ लगा रहा है। इस दौड़ में हर धरोहर, अनमोल विरासत पीछे छूट रही है। स्वार्थों की राजनीति, साम्प्रदायिकता, पूँजीवाद, घोर वैयक्तिकता को धर्म, भौतिक विकास और स्वच्छन्दता-स्वतन्त्रता का जामा पहनाकर अपना काम निकाल रही है। शानी इस छद्म वेश को भली-भाँति पहचानने में सक्षम हैं।

उनकी कहानियाँ इन्हीं कलइयों को खोलने का माध्यम बनी हैं। शानी को मुस्लिम समाज का कुशल चितेरा माना जाता है।

शानी साहित्य अकादमी की पत्रिका 'समकालीन भारतीय साहित्य' के संस्थापक सम्पादक थे।

'काला जल' उनका प्रसिद्ध उपन्यास है तथा 'बबूल की छाँव', 'छोटे घेरे का विद्रोह', 'डाली नहीं फूलती', 'साँप और सीढ़ी' उनके प्रमुख कहानी-संग्रह हैं। शानी की भाषा में उर्दू शब्दों की प्रधानता देखी जा सकती है, मुहावरों ने उनकी शैली को जीवन्त बना दिया है।

इमारत गिराने वाले : प्रतिपाद्य

जैसे-जैसे भारतीय परम्परागत समाज बाजारवाद और उपभोक्तावादी संस्कृति से परिचित प्रभावित होता गया उसकी जीवन-पद्धति के चले आ रहे निश्चित व निश्चिन्त रूप में नए मूल्यों, नैतिकताओं, आशाओं, कामनाओं व आकांक्षाओं ने परिवर्तन करना प्रारम्भ कर दिया। अपनी हर स्थिति पर सन्तोष कर बैठने वाला समाज बिखरकर अनेकानेक खानों में बँट गया। पूँजीवादी व्यवस्था ने दो वर्गों में बँटे समाज में एक नया मध्यवर्ग पैदा कर दिया जिसकी प्रकृति में द्वन्द्व मुख्य रूप से उभरा। गरीबी और अमीरी की अपनी-अपनी नियति को जीते हुए समाज में मध्यवर्ग जीवन की अनेकानेक रचनात्मक सम्भावनाओं के साथ-साथ ऐसी संघर्षात्मक स्थिति को लेकर जन्मा जिसमें जिन्दगी के प्रति उसकी मृगतृष्णा की समाप्ति कभी नहीं हो पाई। इसी असन्तोष ने उसके माध्यम से प्राचीन मूल्यों की नित नवीन इमारतों में घुन लगाना प्रारम्भ कर दिया। ढहने का इन्तजार करती इन्हीं इमारतों को गिराकर अपनी लिप्साओं, महत्त्वाकांक्षाओं व कुत्सित कामनाओं की नयी इमारत बनाने का काम कारोबारी आदमी ने शुरू किया।

इस कारोबारी व्यवसायी वर्ग में नैतिकताओं, परम्परागत मूल्यों, मानवीय संवेदनाओं, भावनात्मक संवेगों के लिए कोई स्थान नहीं था। वह केवल और केवल अपने हर स्वार्थ की पूर्ति के लिए उत्तेजित था।

'इमारत गिराने वाले' कहानी में शानी ने 'अनिल व चन्द्रा' के माध्यम से उन मूल्यों की इमारतों को ढहते, गिरते दिखाया है जो पूँजीवादी समाज की चकाचौंध, उपभोग की दुनिया में जर्जर हो चुके हैं। मध्यवर्ग की मूलभूत आवश्यकताएँ उसकी कमाई, आय से पूरी नहीं हो पातीं। नौ खाकर सौ की भूख बनी ही रहती है। उस पर, उसके आसपास एक ऐसा वर्ग खड़ा हो चुका है जो सारे मूल्यों को ताक पर रखकर केवल और केवल उपभोग में विश्वास रखता है। उसकी इसी सोच ने बड़े-बड़े बाजारों, रेस्तराओं, मौजमस्ती के जीवित यान्त्रिक संसाधनों को समाज में जगह दी है। अनिल का दोस्त जो कि उसका दोस्त

कहीं से नहीं है वह उसकी पत्नी में अपनी रुचि और दिलबहलाव की सम्भावना होने के कारण अनिल के साथ मेलजोल बढ़ाता है। अनिल और उसकी पत्नी में उनकी वर्तमान स्थिति के प्रति कोफ्त पैदा करता है। उनमें अपनी बदहाली का अहसास जगाने और सुप्त कामनाओं को जगाने के लिए उस चकाचौंध में ले जाता है जो उनकी पकड़ से बहुत दूर है। इस ऐश्वर्य का भोग कराकर वह अनिल के भीतर बैठे उस व्यक्ति को बाहर निकाल लाने में सफल हो पाता है जो अपनी मौजूदा आर्थिक स्थिति के कारण अपनी जीवन पद्धति से सन्तुष्ट नहीं है, बेबसी के कारण सीधा सरल सपाट जीना उनकी मजबूरी है। मध्यवर्ग के भीतर जो लाज, शर्म, पति-प्रेम, पत्नी-सम्मान शेष है उसका जर्जर बाँध कितनी आसानी से पैसे की ताकत से ढह जाता यही दिखाना शानी का मुख्य उद्देश्य रहा है। इस कहानी की केंद्रीय संवेदना यही है कि वह मध्यवर्ग जो निर्धन होकर भी अपनी इज्जत-आबरू, मान-मर्यादा का झंडा उठाए फिरता है कितनी आसानी से व्यवसायी वर्ग की प्रभुसत्ता का गुलाम होकर खुद को गिरा बैठता है। उसके पास मलबे के अतिरिक्त कुछ शेष नहीं बचता।

इमारत गिराने वाले

दूसरे कमरे से सारी आहटें आ रही हैं—वे सारी आहटें, जो किसी भी परिवार की सुबह के साथ वैसे ही आती हैं, जैसे सूरज के साथ धूप। हर घर की सुबह जैसी सुबह, जिसमें किचन की खटपट, चाय के प्यालों की खनक, नलों के चलने और खाली पत्थर पर पछाड़ें खाने का स्वर या बाथरूम के फ्लश की आवाज...

मैं जानता हूँ कि वह घड़ी आन पहुँची या अगर पहुँची न हो तो किसी भी क्षण अचानक पहुँच सकती है। फिर क्या होगा? क्या मैं घबराया हुआ हूँ या डर रहा हूँ? शायद दोनों ही बातें हो सकती हैं। बहुत मुँह-अँधेरे ही मेरी आँखें खुल गई थीं और मुझे अचानक ध्यान आया था कि मैं दूसरे के ड्राइंगरूम में सो रहा हूँ।

पहले मुझे विश्वास नहीं हुआ था कि मैं अपने घर के पलंग पर नहीं हूँ। बरसों पुरानी आदत के तहत मेरे सिर को अपने नर्म व गुलगुले तकिये पर होना था या मेरी बाँहों में पत्नी का सोया हुआ या बासी शरीर! लेकिन बरअक्स इसके मैं पराये घर के सोफे पर अकेला पड़ा हुआ था और मेरी गर्दन गोल और सख्त तकिये के कारण दुख रही थी।

मुझे सख्त प्यास लगी थी और हलक में काँटे उग आए थे। असल में सूखे हलक ने ही मुझे वक्त से पहले जगा दिया था। नशा, जिसे मैं खुमार बिल्कुल नहीं कह सकता, अभी भी मेरे सारे बदन पर तारी था। सब कहूँ तो इसका एहसास मुझे अब हो रहा था कि रात मैंने कितनी शराब पी थी। रात? रात की याद आते ही मेरे शरीर में झुरझुरी-सी दौड़ गई और कई पलों तक मेरा शरीर सुन्न पड़ा रहा। क्या जो कुछ हुआ, या हो गया वह सच था या नशे में आये हुए स्वप्न की झिलमिली-सी कैफियत?

अभी अँधेरा था। अगर मैंने अपनी घड़ी न देखी होती तो मैं भी यही समझता कि अभी रात है। मैं धीरे से उठा था और हल्की-सी लड़खड़ाहट के बाद पानी की तलाश में किचन की ओर चल पड़ा था—दबे पाँव और धीरे। बाहर के दरवाजे को छोड़कर सारा घर खुला पड़ा था। किचन और बाथरूम की बत्ती तो खुली थी ही, अनिल और चन्द्रा का कमरा भी वैसा ही था जैसा मैं रात छोड़ आया था।

पलंग के पास वाली तिपाई पर उलटे-सीधे पड़े काँच के गिलास, नीचे लुढ़की हुई खाली बोतलें, उसके पास उतरी पड़ी चन्द्रा की साड़ी और कमरे की खुली हुई रोशनी में, मसले हुए बिस्तर पर बेहोश सो रहे पति-पत्नी!

किचन से दबे पाँव लौटते हुए मैं बड़ी देर तक वहाँ ठिठका रहा था। कई क्षणों तक मैं अपने दोस्त अनिल और उसकी पत्नी चन्द्रा के सोए हुए शरीर को देखता रहा था। चन्द्रा केवल एक पेटीकोट और ब्रा पहने हुए बेखबर सो रही थी। उसकी एक औंधी पिंडली घुटने तक खुली हुई थी और उसे उस तरह देखते हुए यह विश्वास करना कठिन था कि यह वही रात वाली देह है...

मैं ड्राइंग-रूम में लौट आया था क्योंकि मैं नहीं चाहता था कि वहाँ मैं देखता हुआ पकड़ा जाऊँ। फिर मेरे पास इसके सिवा और कोई चारा नहीं था कि एक के बाद एक सिगरेट पीऊँ, वक्त को गुजरने दूँ या सुबह होने का इन्तजार करूँ।

एक बार यह भी मन में आया था कि अभी दोनों सो रहे हैं और उठने में देर भी हो सकती है, क्यों न चुपचाप उठकर अपने घर चल दूँ और आने वाले संकट से बच निकलूँ लेकिन फिर खयाल आया था कि मेरी हैसियत के लिहाज से यह कायरता होगी।

अनिल मेरा दोस्त था भी और नहीं भी। दोस्त वह इन अर्थों में था कि इधर मेरा सारा वक्त उसी के पास या उसके घर पर गुजरने लगा था और कारण चाहे जो हो, मैं इधर उसे पसन्द भी करने लगा था। नहीं था इस मानी में कि हम दोनों में दोस्ती का कोई भी आधार नहीं था। वह एक दफ्तर की नौकरी में मामूली-सी हैसियत पर जिन्दा रहनेवाला आदमी था और मैं?

मेरा सम्बन्ध उस वर्ग से है जिसके स्रोतों के बारे में लोग साँप के पाँव का उदाहरण दिया करते हैं। यों कारोबार के लिहाज से मैं ए क्लास कान्ट्रैक्टर हूँ। इमारतें गिराने और उठाने का काम करता हूँ, लिहाजा अनिल और मेरे वर्ग, हैसियत शऊर, और मिजाज में बड़ा अन्तर था। यों भी अनिल मुझसे हमेशा दबा-दबा रहता था और मैं उस पर खूबसूरती से चड्डी गाँठे हुए था। हम दोनों इस बात को जानते थे। शायद दोस्ती का कोई आधार हो सकता था तो सिर्फ इतना ही कि अनिल के अनुसार हम दोनों एक ही जगह के रहनेवाले थे।

इस शहर को अपने या अपने कारोबार के लिए मैंने यों नहीं चुना था। शुरू से ही यह मुझे यों दिलचस्प लगा था कि एक में यहाँ दो शहर हैं या दो शहरों से मिलकर यहाँ एक शहर बन रहा है। एक तरफ पुरानी इमारतों का शहर है तो दूसरी तरफ नई इमारतों का बिल्कुल नया शहर, मुझसे बेहतर कौन जानता है कि पहला जिस अनुपात में टूट रहा है, दूसरा उससे कहीं ज्यादा

दिन-ब-दिन फैलता जा रहा है।

यहाँ आने के बाद भी कई साल तक हम लोग एक-दूसरे से टकराए नहीं थे। न तो उसे पता था कि मैं इस शहर में हूँ और न मुझे ही अनिल की जरूरत थी। अगर अपने कारोबार के सिलसिले में मैं अनिल के दफ्तर न गया होता तो शायद कभी भी यह नौबत न आती। दरअसल, मैं अपने कारोबार को जिस तरह समझता हूँ, इन दफ्तर वालों को, चाहे वे क्लर्क हों या अफसर, ऐसा नहीं है कि कम अच्छी तरह समझता होऊँ। तुम डाल-डाल तो हम पात-पात की चाल मुझे खूब आती है। शायद इसीलिए अनिल की गर्मजोशी ने पहले तो मुझे चौकन्ना कर दिया था लेकिन बाद में यह जानकर मुझे बेहद शरमिन्दगी हुई थी कि वह वो नहीं जो मैं समझ रहा था। यही नहीं, मुझपर और पानी पड़ गया कि जब उसने दफ्तर के कारोबारी सम्बन्धों को बालाए-ताक करके पिछली जगह और उसमें गुजरे हुए दिनों की याद दिलानी शुरू कर दी थी।

''मैं जानता हूँ, आपको तो याद भी नहीं होगा।'' उसने कहा था, ''लेकिन मैं पहले दिन ही आपको पहचान गया था। बोला इसलिए नहीं कि बड़े आदमी हैं, जाने आप क्या खयाल करें। आपको भला क्या याद होगा कि हम लोग स्कूल की निचली जमातों में भी साथ-साथ थे। याद कीजिए, दोपहर की रीसेज में आपको कच्ची इमली तोड़-तोड़कर कौन खिलाया करता था? सोचिए और बताइए कि छुट्टी के दिनों में जामुन और अमरूद के बागीचे में गुलेल लेकर आप किसके साथ भागे-भागे फिरते थे?''

मुझे कुछ भी याद नहीं था। न तो जगह की यादें थीं, न स्कूल की। सच तो यह है कि मुझे इसमें भी शक था कि वह मेरी जगह का रहने वाला है लेकिन मैंने जाहिर नहीं होने दिया।

अब मैं नहीं कह सकता कि अनिल के घर चलने के आग्रह को सबसे पहले मैंने कैसे और क्योंकर रख लिया था। मुमकिन है कि इस तरह मैं अपने बड़प्पन का एक और सबूत देना चाहता था। यह भी मुमकिन है कि मैं उसके बार-बार के इसरार से अपना पिण्ड छुड़ाना चाहता था। बहरहाल, कई दिनों और कई-कई आग्रहों के बाद जब मैं इसके घर पहुँचा और अनिल ने अपनी पत्नी चन्द्रा को मुझसे मिलाया तो मुझे इस बात का अफसोस हुआ था कि मैं इससे पहले उसके यहाँ क्यों नहीं पहुँचा। चन्द्रा केवल सुन्दर ही नहीं थी बल्कि अपनी बातचीत, रख-रखाव, आँख की मुद्राओं और अन्दाज़ में उदास करने की हद तक खूबसूरत थी, मैं दस मिनट के लिए गया था लेकिन पहली बार ही दो घण्टे बाद लौटा और आनेवाले दो दिनों तक परेशान रहा। कहना फिजूल है कि अनिल का महत्त्व अब मेरी नजर में कई गुना बढ़ गया था।

मुझे यह बताने में हरगिज़ संकोच नहीं कि मैं बेहद कारोबारी और साफ-सपाट

आदमी हूँ। चाहूँ या न चाहूँ, हर चीज़ की कीमत मेरे यहाँ इस बात पर तय होती है कि वह ज़रूरी होने के साथ-साथ फायदेमन्द भी है या नहीं। स्त्रियों के मामले में भी मेरा दृष्टिकोण सौ फीसदी यही है...न तो मैंने कभी प्रेम किया है और न कभी इस मूर्खता पर विश्वास करता हूँ। मुमकिन है, मेरी बातों से बहुतों को लगे कि मैं बहुत कारोबारी और बनिया-जहन आदमी हूँ। लेकिन अगर ऐसा है भी तो उसके लिए मैं ज़िम्मेदार नहीं हूँ।

ऐसा मेरे साथ पहले कभी नहीं हुआ था।

अजीब बात है कि चन्द्रा से मिलने के बाद मेरे भीतर एक खास तरह की उथल-पुथल शुरू हो गई थी। जैसा कि मैंने कहा है, मैंने कभी प्रेम नहीं किया लेकिन लड़कियों या औरतों की मुझे कभी कोई कमी नहीं रही। एक खास वर्ग की औरतें फ्लर्ट करने या सोने के लिए मुझे हमेशा ही मिलती रही हैं। शायद एकाध बार एक स्त्री ने मुझे थोड़े समय के लिए उलझाया भी था लेकिन बहुत सतही स्तर पर और बहुत जल्द मैं उस सबसे छुटकारा पा गया था। यह पहली बार हो रहा था कि एक मामूली-सी औरत मुझे चुनौती की तरह लग रही थी और मेरे भीतर उदासी का रूप लेकर बैठ गई थी।

जब मैं उदास रहते-रहते हार गया, अपने भीतर की कैद से मुझे घबराहट होने लगी और उसका असर मेरे कारोबार पर पड़ने लगा तो इसके अलावा और कोई उपाय नहीं रहा कि इस बला से छुटकारा पाऊँ। बस, एक दिन मेरी चमचमाती हुई कार उस गली में जाकर खड़ी हो गई जहाँ अनिल का घर था। दोपहर का वक्त, मैं जानता था कि अनिल दस्तर में होगा लेकिन बहाने गढ़ने में मुझे क्या देर लगती है? पहले दिन चन्द्रा घबरा गई थी। पर निहायत घरेलू और उलटे-सीधे कपड़ों में मेरे सामने आकर उसका घबराना भी मुझे आकर्षक लगा था। पता नहीं, अनिल की गैर-मौजूदगी में पहुँचने के मेरे बहाने पर चन्द्रा ने कितना विश्वास किया अथवा किया भी या नहीं?

''बुरा न मानें तो एक बात कहूँ,'' कुछ दिनों बाद चन्द्रा मुझसे कह रही थी, ''क्या यह नहीं हो सकता कि आप उनकी मौजूदगी में ही आया करें?''

''क्यों,'' मैंने अपने फक पड़ते रंग को बड़ी मुश्किल से सँभाला था।

''कुछ अच्छा नहीं लगता,'' दूसरी ओर देखती हुई चन्द्रा बड़ी मुश्किल से सिर्फ इतना कह पाई थी, ''मेरा मतलब है...आप तो जानते हैं, अनिल के सिवा दुनिया में मेरा कोई नहीं है।''

कहकर चन्द्रा बिल्कुल उदास हो गई थी और मैंने फैसला किया था कि नहीं, खेल का यह रंग, खुद मेरे लिए भी खतरनाक हो सकता है। फिर इस रास्ते मेरा इलाज भी नहीं था। मैंने अपना रास्ता एकाएक बदल दिया। अब अनिल के सूने में जाने के बदले मैंने शामें ही उसके साथ गुजारनी शुरू कर

दीं और चूँकि हर शाम घर पर बिताई नहीं जा सकती लिहाजा अनिल और चन्द्रा को अपनी गाड़ी में लेकर मैं अकसर बाहर निकल जाया करता। उन्हें मैं उन पॉश रेस्तराओं में ले गया, जहाँ अनिल या उस जैसी हैसियत के लोग घुसने की भी हिम्मत नहीं कर सकते। उनके सामने वे इण्टर-काण्टिनेंटल डिशेज रखवाए जिनके उन्होंने नाम भी नहीं सुने थे। हम उन नाइट-क्लबों में गए जहाँ केबरे-गर्ल स्ट्रिप करती हैं या फ्लोर-शो की आड़ में जहाँ पुरुष और स्त्रियाँ दोनों उत्तेजित होते हैं। हमने पी भी और पिलाई भी। अनिल तो एकाध बार ना-नुच करके शामिल हो गया था लेकिन चन्द्रा को तैयार करने में मुझे और अनिल को काफी मेहनत करनी पड़ी थी।

गो कि कल रात जो कुछ हुआ, वह एक दिन होना ही था। यह एक दिन दो-चार रोज़ आगे-पीछे हो सकता था या यह हो सकता था कि इस तरह न होकर उस तरह होता या फिर किसी और तरह से...

मैं साफ देख रहा था कि बाहर की चन्द शामों ने ही हमें एक-दूसरे से बेहद बेतकल्लुफ कर दिया है। दूसरे शब्दों में मैंने उन्हें काफी हद तक खोल लिया था। जैसे अभी पिछली एक शाम को हम लोग सूने पार्क की एक बेंच पर बैठे हुए थे और अनिल ने चन्द्रा को अचानक मेरे सामने चूम लिया था। जाहिर है कि मैंने जो पौधा रोपा था, उसमें फूटने वाली यह पहली कली थी।

''ये क्या बदतमीजी है?'' चन्द्रा पहले तो हक्की-बक्की रह गई, फिर बेतरह बिगड़ते हुए उसने कहा था।

''क्या हुआ?'' अनिल ने हँसकर मेरी ओर देखा था, ''हम लोग पति-पत्नी हैं और यह दोस्त है। इसके सामने अगर प्यार ही कर लिया तो कौन-सी आफत आ गई?'' अनिल की हँसी, हँसी नहीं थी, तभी चन्द्रा अचानक उठकर खड़ी हो गई थी।

अगरचे मैंने कुछ नहीं कहा लेकिन मैं खुश था कि अनिल के मुँह में अब मेरी जबान है। मैं यह भी जानता था कि चन्द्रा के विरोध और गुस्से के बावजूद वह पार्क वाली शाम अन्त नहीं, एक तरह से शुरुआत थी—एक ऐसी शुरुआत, जिसका मोड़ आखिर मेरे रास्ते में ही आता था।

और कल वही हुआ।

हम तीनों अनिल के बेडरूम में बैठे पी रहे थे और खाना घर पर ही मँगा लिया था। बेडरूम में एक पलंग, एक नीम-आरामदेह कुरसी और एक स्टूल के अलावा और कोई फर्नीचर नहीं था। लिहाजा अनिल और चन्द्रा पलंग पर बैठे हुए थे और मैं कुरसी पर। दो पेग के बाद दसियों बेमानी बातें हुई थीं और फिजूल-से

मसलों पर बहस करते और चीखते हुए हम लोग देर तक हँस रहे थे।

किसी परायी स्त्री के साथ शराब पीना मेरे लिए नई बात नहीं थी लेकिन यह अनुभव बिलकुल नया था कि नशे में स्त्री इतनी उत्तेजक भी हो सकती है। शर्म और शराब का मेला था। चन्द्रा अलाव की तरह दहक रही थी। पता नहीं कितनी रात हो गई थी। यह भी पता नहीं कि हम लोग कितनी पी चुके थे। रह-रहकर अनिल और चन्द्रा के शरीर मेरे आँखों में धुँधले और छोटे हो जाते थे। कई बार लगता, जैसे हवा में तैरते हुए दूर के शोर की तरह चन्द्रा का दहकता चेहरा पास आकर एकाएक लौट जाता है।

अनिल बहक रहा था। एक बार कौतुक के बहाने उसने अपने-आपको चन्द्रा की गोद में लुढ़का लिया था। फिर एकाएक जाने क्या हुआ कि चन्द्रा को बेशरमी से चूमते हुए उसने मेरी ओर देखा था और लड़खड़ाती आवाज़ में बोला था, ''तुम...तुम वहाँ क्या कर रहे हो?''

''मैं?'' कहकर झेंपी हुई हँसी हँसने लगा था। वह हँसी नहीं थी। मैं नर्वस था। देखा चन्द्रा तमतमाकर लाल हो गई थी।

''ले ले यार, चल एक प्यार तू भी ले ले, क्यों चन्द्रा?''

अनिल ने अभी अपना वाक्य मुश्किल से पूरा किया होगा। मुझे चन्द्रा की ओर देखने या उसकी प्रतिक्रिया जानने की न तो ज़रूरत थी और न फुरसत। दो पलों के भीतर पटखनी खाई गेंद की तरह उछलकर मैं सीधे पलंग पर जा पहुँचा था।

सहसा परदे के पीछे से किसी के पाँवों और चूड़ियों की आहट सुनाई दी और मेरा जी ज़ोर-ज़ोर से धड़कने लगा। क्या सचमुच वह घड़ी आन पहुँची? दो-एक क्षण साँसें रोके मैं उधर देखता रहा फिर एक लम्बी साँस लेकर मैंने सिगरेट जला ली। न चन्द्रा थी और न अनिल, बरतन माँजने वाली बाई थी।

''साहब उठ गए?'' मैंने उससे जल्दी से पूछा था।

''जी।''

''कहाँ...''

''बाथरूम में हैं।'' मेरे सवाल के पहले ही पट से जवाब मिला।

''और बाई साब?''

''किचन में।''

एक पल को लगा, जैसे नौकरानी भी सब जानती है।

मैं सिगरेट के लम्बे-लम्बे कश खींचने लगा। क्या मैं घबराया हुआ हूँ या डर रहा हूँ? लेकिन क्यों? कल रात मेरे पलंग पर पहुँचने के बाद अनिल इससे

भी लम्बे-लम्बे कश खींचने लगा था। फिर, जलती हुई सिगरेट ऐशट्रे में डालने की बजाय उसने यों ही फेंक दी थी, घबराहट में। और दो पल के एक टुकड़े में अनिल का वह चेहरा क्या मैं कभी भूल सकता हूँ? मेरे लिए यह सचमुच तजुर्बे की बात थी कि किसी चेहरे पर जरा-से धक्के में इतने सारे रंग आएँ और उतर जाएँ। हाँ, सबसे अन्तिम और गहरा रंग कुछ वैसा था जैसे कोई बच्चा खेल-खेल में अनजाने ही जख्मी हो जाए और दर्द से डबडबाई आँखों के बावजूद, अपने छोटे-से पौरुष के सहारे, मुसकराने के लिए विवश हो...

"मार्निंग!"

अचानक अनिल की इस आवाज़ से मैं चौंका। वह सामने परदा हटाये खड़ा था, मुझसे चन्द कदमों के फासले पर। हाँ, यही वह घड़ी थी जिसके खयाल से ही मेरी रूह काँप रही थी और मैं नहीं जानता था कि इसका सामना कैसे करूँगा। अपने अन्दर फैले सारे तर्कों को मैं जल्दी-जल्दी समेटने लगा। मैंने सोच लिया था कि अनिल के आरोप या गुस्से से मुझे किस तरह निबटना चाहिए।

परदे को छोड़कर जैसे ही वह मेरी ओर बढ़ा मैंने साही की तरह अपने बाल और नुकीले काँटे फुला लिए। अनिल नपे-तुले कदमों से आकर मेरे पास खड़ा हो गया और मैंने आँखें उठाई।

"क्यों?" मुझसे आँख मिलते ही अनिल बोला, "कैसी रही?"

मैंने उसे बहुत गौर से देखा, माई गुडनेस! उसके होठों पर हलकी-सी मुस्कराहट भी थी।

मुझे खुश होना चाहिए था। अब मैं बिना किसी लानत-मलामत के अपनी जीत की खुशी में इतराता हुआ वहाँ से निकल सकता था लेकिन हैरत है कि न तो मुझसे उठते बन रहा था और न ही यह मुमकिन था कि मैं वहाँ बैठा रह सकूँ। शायद मुझे धक्का लगा था। कुछ उसी तरह जैसे किसी पुरानी इमारत को गिरवाते हुए एक बार मैं जख्मी हो गया था। कैसे, मुझे नहीं मालूम!

आशय स्पष्ट कीजिए :

1. क्या जो कुछ हुआ, या हो गया वह सच था या नशे में आई हुई स्वप्न की झिलमिली-सी कैफियत?
2. अनिल मेरा दोस्त था भी और नहीं भी।
3. मेरा सम्बन्ध उस वर्ग से है जिसके स्रोतों के बारे में लोग साँप के पाँव का उदाहरण दिया करते हैं।
4. गो कि कल रात जो कुछ हुआ, वह एक दिन होना ही था।
5. हर चीज की कीमत मेरे यहाँ इस बात पर तय होती है कि वह जरूरी होने के साथ-साथ फायदेमन्द भी है या नहीं।

6. परदे को छोड़कर जैसे ही वह मेरी ओर बढ़ा मैंने साही की तरह अपने बाल और नुकीले काँटे फुला लिए।
7. कोई बच्चा, खेल-खेल में अनजाने ही जख्मी हो जाए और दर्द से डबडबाई आँखों के बावजूद, अपने छोटे-से पौरुष के सहारे, मुस्कराने के लिए विवश हो।

लघूत्तरीय प्रश्न :

1. अनिल और उसके दोस्त की दोस्ती कब से थी?
2. चन्द्रा के प्रति कारोबारी आदमी के मन में क्या था?
3. स्त्रियों के सम्बन्ध में कथावाचक के विचारों पर टिप्पणी कीजिए।
4. अनिल अपने दोस्त से क्यों प्रभावित था?
5. अनिल ने अपने दोस्त को अपनी पत्नी से प्यार करने को क्यों कहा?

विवेचनात्मक प्रश्न :

1. अनिल और चन्द्रा की जिन्दगी के माध्यम से इस कहानी के शीर्षक की सार्थकता की समीक्षा कीजिए।
2. कारोबारी आदमी अर्थात् अनिल के दोस्त के मन में प्रेम के स्थान पर केवल भोगने की प्रवृत्ति क्यों हावी थी?
3. भोगवादी संस्कृति ने दाम्पत्य सम्बन्धों की जड़ों को हिला दिया है—इस कथन की समीक्षा कीजिए।

महादेवी वर्मा
(1907-1987)

महादेवी वर्मा छायावादी काव्यधारा की प्रमुख आधार-स्तम्भ हैं। उनके काव्य में हमें जिस व्यक्तिगत वेदना और करुणा का प्रसार मिलता है, वही वेदना और करुणा गद्य साहित्य में आकर सम्पूर्ण समाज से जुड़ गई है। महादेवी वर्मा के काव्य में जहाँ हमें उनकी अन्तर्मुखी प्रवृत्ति के दर्शन होते हैं, वहीं उनका गद्य साहित्य विभिन्न सामाजिक सरोकारों से सराबोर है। अनुभूति की तीव्रता और मार्मिकता यहाँ भी दर्शनीय है। समाज के दुर्बल, उपेक्षित, दीन-हीन धरती-पुत्रों के प्रति सहानुभूति ने महादेवी के समूचे गद्य साहित्य को जीवन्त बना दिया है। विशेष रूप से स्त्री के सन्दर्भ में उनका गद्य साहित्य सामाजिक विसंगतियों और कुरीतियों पर तीखा प्रहार करता है।

महादेवी वर्मा का जन्म सन् 1907 ई. में उत्तर प्रदेश के फर्रुखाबाद में एक सम्पन्न, शिक्षित एवं सुसंस्कृत परिवार में हुआ। गहन संवेदना के साथ विचारों की गम्भीरता, काव्य, संगीत, चित्रकला के प्रति लगाव का संस्कार महादेवी को अपने पारिवारिक परिवेश से ही मिला। इन्होंने अपनी प्रारम्भिक शिक्षा इन्दौर से प्राप्त की। प्रयाग विश्वविद्यालय से सन् 1933 में संस्कृत में एम.ए. की उपाधि प्राप्त करने के बाद महादेवी प्रयाग महिला विद्यापीठ में पहले अध्यापिका और फिर लम्बे समय तक प्राचार्या पद पर रहीं।

काव्य के समान ही महादेवी का गद्य साहित्य भी महत्त्वपूर्ण एवं सशक्त है। विशेष रूप से उनका रेखाचित्र-संस्मरण साहित्य भावों की गहनता, सहानुभूति बिम्बात्मकता और चित्रात्मकता में अत्यन्त सजीव बन पड़ा है। नारी हृदय की कोमलता, ममता, निरीहता का जैसा मार्मिक चित्रण महादेवी के रेखाचित्रों में मिलता है, वैसा हिंदी साहित्य में अन्यत्र दुर्लभ है। समाज द्वारा नारी के प्रति दिखाए गए यातनापूर्ण एवं अमानवीय व्यवहार को स्वयं अनुभव करते हुए महादेवी ने अपने हृदय की विशालता का परिचय दिया है। यूँ तो महादेवी की दृष्टि सम्पूर्ण समाज पर गई है किन्तु उनकी विशेष करुणा और सहानुभूति ने आर्थिक और सामाजिक स्तर पर संघर्ष करते हुए अतिसाधारण, पीड़ित और प्रताड़ित मनुष्यों को विशिष्ट बना दिया है। समाज के प्रति महादेवी का दृष्टिकोण जागरूक

है जो पाठक को सामाजिक विसंगतियों और विषमताओं को दूर करने के लिए प्रेरित करता है। सामाजिक जीवन के तत्त्वों से रँगा हुआ महादेवी का गद्य साहित्य भावों और विचारों की गहराई के साथ गूढ़ सत्यों और व्यंग्यों को मुखरित करता है।

रचनाएँ

काव्य : नीहार, रश्मि, नीरजा, सांध्यगीत, दीपशिखा, यामा।

निबन्ध संग्रह : शृंखला की कड़ियाँ, क्षणदा, संकल्पिता, भारतीय संस्कृति के स्वर।

रेखाचित्र एवं संस्मरण : अतीत के चलचित्र, स्मृति रेखाएँ, पथ के साथी, स्मारिका, मेरा परिवार।

आलोचना : साहित्यकार की आस्था और अन्य निबन्ध।

पुरस्कार : 'यामा' पुस्तक पर भारतीय ज्ञानपीठ पुरस्कार (1982), भारत सरकार द्वारा पद्मभूषण पुरस्कार (1956), 'नीरजा' पुस्तक पर सेक्सरिया पुरस्कार, स्मृति की रेखाएँ पर द्विवेदी पदक, हिंदी साहित्य सम्मेलन का मंगलाप्रसाद पारितोषिक (1944), भारतेन्दु पुरस्कार (1974)।

गुंगिया : प्रतिपाद्य

'गुंगिया' महादेवी वर्मा के 'स्मृति की रेखाएँ' नामक रेखाचित्र-संकलन में संकलित है। इस रेखाचित्र में लेखिका ने ममता-भरी पुत्र-वियोग की कथा को मार्मिकता के साथ प्रस्तुत किया है। रेखाचित्र के आरम्भ में लेखिका ने पत्र-लेखन की लम्बी भूमिका प्रस्तुत की है जिसमें ग्रामीणों के निष्कपट और नासमझ व्यवहार का परिचय मिलता है। सहानुभूति रहित समाज अपाहिजों और दुःखियों पर अधिक विपत्ति ढाता है। निश्चित रूप से गुंगिया की यह करुण कथा मानव-मन को अधिक विशाल और सहानुभूतिपूर्ण बनाने में समर्थ है। आमतौर पर गूँगे लोग बहरे भी होते हैं किन्तु गुंगिया का दुर्भाग्य यह है कि वह गूँगी है, बहरी नहीं, इसीलिए समाज के कटु-तिक्त वचनों को सुनकर मन-मसोस कर रह जाने के लिए वह विवश है। माँ-बाप ने जिस व्यक्ति के साथ उसका विवाह किया, उसी से छोटी बहन को ब्याह दिया, फलस्वरूप गुंगिया को आजीवन अपने पिता के घर ही रहना पड़ा। बहन की मृत्यु हो जाने पर उसका पुत्र हुलासी बहनोई के आग्रह पर गुंगिया को पालना पड़ा, किन्तु बड़ा होने पर वह अनेक अपवादों और दुराग्रहों का शिकार हुआ और अन्ततः एक साधुओं की टोली के संग भाग खड़ा हुआ। गुंगिया जीवन-भर पुत्र-वियोग में तड़पती रही। लेखिका की मित्र ने कलकत्ता के एक नौकर युवक का पत्र और दस रुपए गुंगिया के सन्तोष

के लिए भिजवाए, गुंगिया ने उसी को अपना सब कुछ मानते हुए एक दिन हुलासी के खिलौनों के बीच ही अपने प्राण त्याग दिए।

महादेवी वर्मा ने अपने रेखाचित्रों में समाज के आर्थिक रूप से कमजोर एवं निम्न वर्ग के दुःख और दीनता से भरे जीवन को अभिव्यक्त किया है। सभी पात्र महादेवी के निजी सम्पर्क में रहे हैं, इसलिए ये रेखाचित्र संस्मरण का भी आभास देते हैं। लेखिका की पूर्ण सहानुभूति पाकर ये पात्र सजीव और विचित्र आकर्षण से युक्त हो गए हैं। महादेवी ने अपने रेखाचित्रों के माध्यम से नारी वेदना के विविध पक्षों को मार्मिकता के साथ अभिव्यक्त किया है। गुंगिया भी एक ऐसा ही रेखाचित्र है जिसके माध्यम से लेखिका ने एक ममतामयी नारी का चित्र खींचा है जो ऐसी मनोदशा में पहुँच चुकी है जिसमें दूसरों के अवगुणों पर ध्यान ही नहीं जाता, केवल अपना सद्भाव ही विविध रूपों में झलकता रहता है। इसीलिए हुलासी के साधुओं संग भाग जाने पर भी गुंगिया उसके नाप का नया कपड़ा सिलवाकर रख देती, उसे अच्छी लगने वाली मिठाइयाँ खरीदकर रख देती। दीन-हीन होने पर भी और हुलासी को अपनी कोख से जन्म न देने के बावजूद भी गुंगिया अपनी मनुष्यता और ममता में महान है। उसका चरित्र इतना संवेदनशील बन गया है कि वह पूरी गहराई के साथ पाठकों के मर्म को स्पर्श करता है।

'गुंगिया' रेखाचित्र का परिवेश ग्रामीण है। अतः ठेठ ग्रामीण शब्दावली के ताने-बाने में बुने इस रेखाचित्र में पाठक गाँव की आत्मीयता का अनुभव करता है। कवयित्री होने के कारण महादेवी के इस रेखाचित्र में कल्पनाशीलता, बिम्बात्मकता, संवेदनशीलता और प्रवाहमयता स्वतः ही आ गई हैं। समूचा रेखाचित्र एक महान मानवीय करुणा से सराबोर है।

गुंगिया

मैंने स्वयं चाहे कम पत्र लिखे हों; पर दूसरों के लिए पत्र-लेखन मेरा कर्तव्य-सा बन गया है। क्या अपना देहात और क्या पहाड़ी ग्राम, सब जगह मेरी स्थिति अर्जीनवीस जैसी हो जाती है।

कहीं कोई दुःखिनी माँ, दूर देश भाग जानेवाले पुत्र को वात्सल्य भरा उद्गार लिख भेजने के लिए विकल है, कहीं कोई ससुराल की बन्दिनी बहू, भाई को, सावन में आने की स्मृति दिलाने के लिए आतुर है। कभी कोई एकाकिनी गृहिणी, दूर देश में नई गृहस्थी बसा लेने वाले सहधर्मी के पास, कुशलक्षेम भर लिख भेजने का अनुरोध पहुँचाना चाहती है। कभी कोई रोगी, अपनी सहोदरता की दोहाई देकर, नगरस्थ मजदूर सहोदर को रुपया भेजने के लिए विवश करने की इच्छा रखता है। कहीं कोई चाचा रक्त-सम्बन्ध के आधार पर भतीजे से बैल खरीदने में सहायता माँगता है। कहीं कोई बहनोई विवाह-सम्बन्ध का उल्लेख कर साले से, रेहन रखे खेत छुड़ा देने का अनुरोध करता है।

इस प्रकार पत्र-प्रेषकों के वर्ग में सीमातीत विविधता है। पत्र के विषय इतने भिन्न रहते हैं कि कोई पत्र-लेखन-कला का विशेषज्ञ भी किंकर्तव्यविमूढ़ हो जाएगा। फिर मेरी तो इस कला में उतनी भी गति नहीं, जितनी काव्य में एक तुक्कड़ की होती है। पत्र-लेखन-कला में मेरी घोर अपटुता के साथ जब पत्र-प्रेषकों की दुर्बोधता भी मिल जाती है, तब तो यह कार्य और भी कठिन हो उठता है।

वे सब एक साथ इतना कह चलते हैं कि न वाक्यों में संगति रहती है, न भावों में स्पष्टता। रोकने-टोकने पर वे समझते हैं कि लिखनेवाले में क्षमता नहीं, अतः पत्र का कोई परिणाम न निकलेगा।

उनकी अटपटी भाषा और उलझे वाक्यों में खोये इतिवृत्त को क्रमबद्ध करना, उनके अस्पष्ट और मिश्रित भावों के साथ उसकी संगति बैठाना तथा उन्हें पत्र का जामा पहनाना सहज नहीं है।

इतिवृत्त को आधुनिक शैली के अनुसार पत्र की रूप-रेखा देना भी कठिन है, क्योंकि पत्र-लेखन के सम्बन्ध में वे ग्रामीण, परम्परा के विशेषज्ञ ही नहीं, उसके कट्टर अनुयायी भी हैं।

प्रत्येक पत्र के ऊपर चाहे श्री गणेशाय नमः लिखा जाय चाहे श्रीराम; पर

इस प्रस्तावना के बिना पत्र पात्रता नहीं प्राप्त कर सकता। जिन्हें उद्देश्य करके पत्र लिखा जाता है, वे चाहे दीनता में अतुलनीय हों चाहे कुरूपता में अनुपम; पर वे सब 'सिद्ध श्री सर्वोपमायोग्य' कहकर ही सम्बोधित किए जा सकते हैं।

पत्र के विषय भी लेखक को कम उलझन में नहीं डालते, क्योंकि कथा का एक सूत्र पकड़ते ही अनेक सूत्र हाथ में आ जाते हैं। पत्र-प्रेषक न जाने कितनी अन्तःकथाओं के साथ अपनी कथा कहना चाहता है। इतना ही नहीं, कथा की अबाध गति से घटनाओं के क्रम का कोई सम्बन्ध नहीं रहता; पर अन्तःकथाएँ मुख्य वृत्त से अविच्छिन्न सम्बन्ध में बँधी रहती हैं। किसी को किसी सम्बन्धी से रुपया चाहिए—इस एक बात को वह आपबीती अनेक घटनाओं के साथ ही कह सकता है और जमींदार-महाजन से लेकर घुरहू-मँगरू पासी तक सबको अपनी विपन्नावस्था का गवाह बनाकर ही सन्तोष पा सकता है।

ऐसे पत्र-प्रेषक अनेक अतीत घटनाओं का इतना सजीव विवरण देते चलते हैं कि बेचारा पत्र-लेखक विस्मित हो उठता है। वह क्या लिखे और क्या न लिखे, यह निर्णय उस पर नहीं छोड़ा जाता। वह कुछ गड़बड़ी कर भी दे, तो अन्त में वे पत्र सुनाने के लिए अनुनय-विनय कर-करके उसे और भी अधिक असमंजस में डाल देते हैं। जो कुछ वे लिखना चाहते हैं, उसकी इतनी मौखिक आवृत्तियाँ हो चुकती हैं कि वे अपने वक्तव्य के उपेक्षणीय अंश का अभाव भी तुरन्त जान लेते हैं।

कागज में इसे लिखने का स्थान नहीं है, यह कहने पर भी छुटकारा मिलना कठिन है। लेखक के मुख पर अपनी अनुनय-भरी दृष्टि स्थापित करके और किसी अक्षरहीन कोने में अपनी टेढ़ी-मेढ़ी उँगली रखकर वे उस छूटे हुए विवरण को लिख देने के लिए ऐसा करुण अनुरोध करेंगे जो टाला नहीं जा सकता। मार्जिन या कोनों को खोली छोड़ने के लिए सन्देश का कोई अंश छोड़ देना, उनकी दृष्टि में अनुचित है। समूचा कागज जब अक्षरों से लिप-पुत जाता है, तब वे निरुपाय होकर लिखने का अनुरोध बन्द करते हैं, इससे पहले नहीं।

लिखनेवाले के हृदयगत भाव को समझ लेने की समस्या भी कम जटिल नहीं। एक भाव को हृदयंगम करते ही भावों की बाढ़ आ घेरती है। साधारणतः वे ग्रामीण नागरिक बुद्धिजीवियों से अधिक भावुक होते हैं, इसी से सन्देश का प्रत्येक अंश उनमें नवीन भावोद्रेक का कारण बन जाता है। कथा के क्रम में कभी उनके हँसने का परिचय मिलता है, कभी क्रन्दन का, कभी क्रोध का भाव व्यक्त होता है, कभी पश्चात्ताप का, कभी ममता की तन्मयता का आभास रहता है, कभी उपेक्षाजनित ग्लानि का, कभी दार्शनिक वीतरागता प्रकट होती है, कभी सांसारिक नीतिमत्ता। सारांश यह कि घटना, काल, स्थान आदि के अनुसार भाव में परिवर्तन होता चलता है।

पर लेखक उनकी ओर से लिखे हुए पत्र में किस भाव को प्रधानता दे,

यह जानना सहज नहीं। एक पिता अपने दूरदर्शी पुत्र को उसकी कर्तव्यहीनता और उपेक्षा के लिए डाँटना चाहता है। पत्र-लेखक उसकी ओर से कठोर भर्त्सना के शब्द लिखते-लिखते अचानक उन वाक्यों में आँसुओं का गीलापन अनुभव करेगा। फिर सिर उठाकर देखते ही उसके सामने कठोर न्यायाधीश जैसे व्यक्ति के स्थान में एक रोता हुआ, भावुक और दीन पिता आ जाएगा।

इन दोनों में कौन सत्य है, यही बताना कठिन हो जाता है, तब फिर किसकी बात लिखी जाए, यह जानना तो और भी दूर की बात है।

लिखने के उपरान्त अनेक बार मुझे पत्र फाड़कर फेंक देना पड़ा है, क्योंकि लिखाने वाला व्यक्ति अन्त में वह नहीं रहता जो आरम्भ में था। ऐसी दशा में वही पत्र भेज देना अन्याय ही नहीं, व्यावहारिक दृष्टि से हानिकर भी होता, क्योंकि पाने वाला उसके मन के यथार्थ भाव न समझ सकने के कारण, भ्रान्त धारणा बना लेता।

पत्र-प्रेषक के सम्बन्ध में सारी समस्याओं का समाधान कर लेने के उपरान्त भी एक कठिनाई रह जाती है। एक व्यक्ति के पत्र में गाँव-भर कुछ-न-कुछ लिखाना चाहता है।

किसी की ओर से पालागन लिखना है, तो किसी की ओर से असीस। किसी की जै रामजी पहुँचाना है, तो किसी की भेंट-अँकवार। कोई 'पाती आधा मिलन है' लिखवाकर अपने कवित्व का परिचय देना चाहता है, तो कोई 'हुई है सोइ जो राम रचि राखा' लिखवाकर दार्शनिकता का। कोई बछिया बेचने की सूचना दे देना आवश्यक समझता है, कोई भैंस खरीदने की। किसी के लिए खेत की बेदखली का संवाद भेजना अनिवार्य है, तो किसी के लिए छप्पर गिर जाने का। कोई कुआँ उगराने की कथा सुनाने को आकुल है, कोई पोखर सूखने की।

ऐसा व्यक्ति खोजना कठिन होगा, जो परिचित व्यक्ति को कुछ सन्देश न भेजना चाहे और छोटे ग्रामों में नागरिक जीवन की विच्छिन्नता-जनित अपरिचय सम्भव ही नहीं होता। इसी कारण सब एक-दूसरे से विशेष परिचित ही मिलते हैं। यदि जिसे पत्र लिखा जाता है, उससे विशेष परिचय नहीं तो पत्र लिखाने वाले से तो रहता ही है। इसी नाते सब बड़े-छोटे यथायोग्य लिखवाना नहीं भूलते।

कोई काका से विशेष परिचित होने के कारण भतीजे को कर्तव्य-विषयक उपदेश देने के लिए उत्सुक है, कोई भांजे से घनिष्ठता के कारण उसके मामा को प्रणाम लिखवाना चाहता है। कोई मौसी के परिचय के नाते बहनौतिन के पति को असीस पहुँचाने की इच्छुक है, कोई भतीजी की सखी होने के कारण चाची के पितिया-ससुर को पालागन भेजना आवश्यक समझती है। ऐसी दशा में सम्बन्ध, असम्बन्ध, परिचय, अपरिचय का कोई अन्तर महत्त्व नहीं रखता।

मेरे जैसे व्यक्ति से कुछ न लिखवाना भी उन्हें अपमानजनक लगता है।

साहुजी के आले में तेल के धब्बों से भरे लिफाफे के स्थान में मेरे बैग से बगले के पंख-जैसा उजला लिफाफा निकल आता है। हल्दी की पुड़िया खोलकर निकाले हुए कागज की तुलना में मेरी कापी का कागज बड़ा और स्वच्छ जान पड़ता है। पटवारी की चौपाल के कोने में स्थापित बिना ढक्कन की दावात और काले कलम में वह आकर्षण नहीं, जो मेरे चमकीले फाउण्टेनपेन में मिलना स्वाभाविक है। पिछौरी के कोने में बाँधकर लाए हुए मैले सिकुड़नदार टिकट के सामने मेरे टिकट ही अधिक विश्वसनीय जान पड़ते हैं। पत्र-लेखन के ऐसे उत्कृष्ट साधन लेकर बैठे हुए लेखक से जो कुछ नहीं लिखवाता, वह अपनी लोकाचार विषयक अनभिज्ञता प्रकट करता है। इसी कारण सभी 'दो आखर' लिख देने के लिए अनुरोध करने लगते हैं।

मुझे इस तरह जंगम पोस्ट आफिस बनने की कौन-सी आवश्यकता है! मेरे लिखे पत्र कहीं पहुँच भी सकेंगे या नहीं! क्या मेरा 'टिकट लिफाफा-सप्लाई-डिपो' सन्दिग्ध नहीं है? क्या मेरी यह अर्जीनवीसी निठल्लेपन का प्रमाण नहीं है? यह सब प्रश्न उनके हृदय में एक बार भी नहीं उठे।

परमार्थ की उच्चतम भावना के साथ भी नागरिक जीवन में प्रवेश करने पर व्यक्ति को अविश्वास और सन्देह के अनेक पैने तीरों का लक्ष्य बनना पड़ता है। नागरिक जीवन का अकारण सन्देह, कर्मनिष्ठा को पंगु और उसका लक्ष्यहीन दुराव, जीवन-दर्शन को भ्रान्त कर देता है। इसके विपरीत ग्रामीण जीवन की पुस्तक खुली ही मिलती है। कुछ विषम परिस्थितियाँ अपवाद हो सकती हैं; पर जहाँ जीवन कुछ स्वस्थ है, वहाँ एक ग्रामीण का सहयोग-आदान दैन्यरहित होने के कारण सहज है, सहायता का दान गर्वशून्य होने के कारण स्वाभाविक और विचार-विनिमय अकृत्रिम होने के कारण जीवन के अध्ययन का पूरक है।

एक बार मुझे कुछ लिखते देखकर एक वृद्धा अपने दूरदेशी पुत्र को पत्र लिखाने आ बैठी। फिर दूसरे भी आने लगे और अन्त में यह कार्य मेरे कर्तव्य की सीमा में आ गया। मैं स्वयं अकारण तो क्या सकारण भी पत्र कम लिखती हूँ। इसी से टिकट, लिफाफे, कार्ड आदि का प्रबन्ध करने पर भी यह पत्र-लेखन मुझे महँगा नहीं पड़ा।

मेरे बैठने के स्थान अनेक हैं। कभी पीपल के तने का सहारा लेकर उसकी ऊँची जड़ों का सिंहासन बनाती हूँ, कभी आम के नीचे सूखी पत्तियों के बिछौने का। कभी किसी के ओसारे में पड़ी खटिया पर आसीन होती हूँ, कभी किसी के आँगन में तुलसीचौरा के सामने चटाई पर। पत्र लिखने का प्रस्ताव सबसे पहले जो करता है, उसी के इच्छानुसार शेष को चलना पड़ता है। पत्र लिखवाने वाला निकट बैठता है और सब उससे कुछ हटकर आस-पास। केवल अभिवादन भेजने वाले आते-जाते रहते हैं।

कोई पुर चलाना दूसरे को सौंपकर पालागन लिखाने दौड़ आया, कोई आशीष लिखा देने का स्मरण दिलाकर दाँय चलाने चला गया। कोई अपना सन्देश लिखवाने के लिए भरा घड़ा सिर पर और रस्सी हाथ में थामे हुए ही रुक गई। किसी को जै रामजी लिखवाते बेसन पीसने की याद आ गई, कोई रोते हुए लड़के को माँ मोटी रोटी का टुकड़ा देकर पत्र का उपसंहार सुनने लौट आई। कोई उपदेश-वाक्य कहते-कहते बुझी चिलम सुलगाने के लिए उठ गया।

इस तरह सब का आवागमन होता रहता है। केवल इस समारोह का सूत्रधार आदि से अन्त तक कभी हँसता, कभी रोता और कभी उदासीन बैठा रहकर कथा का अवरोह सँभालता है। पत्र लिख जाने पर उसे पूरा सुनाना पड़ता है। इतना ही नहीं, उसके इच्छानुसार जहाँ-तहाँ कुछ न कुछ जोड़ना भी आवश्यक हो जाता है। तब वह पत्र को सब प्रकार से अपना प्रमाणित करने के लिए अँगूठे की छाप लगाने को व्याकुल हो उठता है। ऐसे चिह्न व्यवहार-जगत् में प्रचलित असत्य से आत्मरक्षार्थ कवच हो सकते हैं; पर पत्र के स्वतः सिद्ध आत्मोद्गार में उनका विशेष महत्त्व नहीं, इसे सब मान नहीं सकते। इसी कारण कभी-कभी नाम के नीचे अँगूठे के चित्र-विचित्र और विविध आकृतियों वाले चिह्न भी सुशोभित हो जाते हैं।

पता लिखना इस पत्र-लेखन गाथा का सबसे कठिन प्रसंग है। किसी के पुकारने का नाम नन्हकू और परिचय का महावीर है। किसी की घर की संज्ञा दुलरुआ और बाहर की भैरोंदीन है। कोई अपने गाँव में घसीटा और पर गाँव में राजाराम कहलाता है। कोई ननसार की सिरतजिया और ददसार की दुखिया है। किसी को परिवार वाले रूपमतिया और बाहर वाले कलुइया कहते हैं।

नाम-उपनामों का यह विरोधाभासमूलक गठबन्धन हमारे कवि-समाज का स्मरण न दिलाए, तो आश्चर्य की बात होगी। हमारे यहाँ भी एक व्यक्ति, जीवन में अकिंचन, रूप में कोयला, नाम से हीरालाल और उपनाम से शरदेन्दु होकर भी उपहासास्पद नहीं माना जाता। अकिंचनता सामाजिक व्यवस्था से सम्बन्ध रखती है, रूप प्रकृति का दान है और नाम माता-पिता का उपहार कहा जाएगा। शेष एक उपनाम ही रह जाता है, जिसका सम्पूर्ण उत्तरदायित्व उन्हीं को सँभालना होगा। सम्भवतः इसी कारण वे अपने में किसी विशेषता के अभाव या भाव की चिन्ता न करके संसार की सुन्दरतम वस्तु को मिली हुई संज्ञा पर अधिकार जमाना चाहते हैं।

कवि-परम्परा ने जिन शब्दों के प्रति विशेष पक्षपात दिखाया है, उनके प्रति उपनाम-अन्वेषकों का आकर्षण स्वाभाविक ही कहा जाएगा; पर जब उन शब्दों के अर्थ और उनके द्वारा सांकेतिक व्यक्तियों में किसी प्रकार का भी सादृश्य नहीं मिलता, तब उनकी स्थिति विचित्र हो जाती है। सुननेवाले नाम और उपनाम का अन्तर न भूल सकें, मानो इसीलिए वे दोनों को एक अविच्छिन्न सम्बन्ध में बाँधकर उपस्थित रहते हैं।

पर ग्रामीण नाम और उपनामों की स्थिति इससे भिन्न है। नाम का सम्बन्ध तो पंडितजी के पोथी-पत्रे से है; किन्तु उपनाम व्यक्ति के रूप, स्वभाव, गुण या दूसरों की उसके प्रति धारणा का यथार्थ चित्र देता है।

जो लबार नाम से पुकारा जाता है, वह इस नाम के उपयुक्त विशेषता से शून्य नहीं हो सकता। जो गुजरिया कही जाती है, वह देशभूषा की रंगीनी में गुड़िया से कम नहीं होती। जो कोयली की संज्ञा पाती है, उसका श्यामांगिनी होने के साथ-साथ मधुरभाषिणी होना आवश्यक है। जो नत्थू कहकर सम्बोधित किया जाता है, उसे जन्म लेते ही नाक में बाली पहनना पड़ा होगा। जो घूरे का उपनाम पा चुका है, उसने बचपन में कठोर उपेक्षा का अनुभव किया होगा। इन उपनामों में कुछ अपवाद भी हो सकते हैं; पर साधारणतः वे व्यक्ति के साथ सामंजस्यपूर्ण स्थिति ही रखते हैं, विरोधमूलक नहीं।

पर पत्र लिखते समय यह जानना कठिन हो जाता है कि दूरदेश में एक व्यक्ति ने नाम और उपनाम में से किसे विशेष महत्त्व दिया होगा। जब तक वह परिचित वातावरण में है, तब तक उसकी विशेषताओं के निरीक्षक ही उसका नाम निश्चित कर देते हैं; पर जब केवल उसको अपना परिचय देना है, तब वह इनसे मिले सम्बोधनों में से किसे स्वीकार करेगा, यह उसकी रुचि और दूसरों के प्रति उसके भाव पर निर्भर रहता है। इस सम्बन्ध में पत्र लिखने वाला और लिखाने वाला दोनों ही अन्धकार में रहते हैं।

नाम की समस्या हल हो जाने पर स्थान की बाधा उपस्थित होती है। प्रायः वे नगर के नाम से अधिक पता नहीं जानते; यह चाहे विस्मय की बात न हो, पर पत्र पाने वाले की ख्याति के सम्बन्ध में उनका अडिग विश्वास आश्चर्य में डाले बिना नहीं रहता। किसी को विश्वास है कि उसके लाड़ले बेटे के रूप से सब परिचित होंगे। किसी की दृढ़ धारणा है कि उसके कुश्ती लड़ने वाले भतीजे का नाम नगर-भर जानता होगा। कोई समझता है कि उसके भाई जैसे गवैये की ख्याति डाक-घर तक पहुँच गई होगी। कोई मानता है कि उसके साँप-बिच्छू का विष झाड़ने वाले चाचा से डाकिया अनजान नहीं हो सकता। कोई समझती है कि उसके पति का पशु-चिकित्सा-विशारद होना ही उसका पर्याप्त पता है। कोई कहता है कि उसके हनुमान-चालीसा कण्ठस्थ कर लेने वाले मामा की विद्वत्ता छिपी नहीं रह सकती।

इनके प्रिय सम्बन्धियों की दूरदेश के जनसमूह में वही स्थिति है, जो समुद्र में बूँद की होती है, इसे न वे जानते हैं और न मानना चाहते हैं।

अनेक प्रयत्नों के उपरान्त खोज निकाले हुए पते-ठिकाने के अनुसार पत्र लिख जाने पर उसे शीघ्र से शीघ्र डाकखाने पहुँचाना आवश्यक हो उठता है। कोई तुरन्त पत्र को मिर्जई या साफे में खोंसकर और हाथ में लोटा-डोर थामकर तीन मील दूर पोस्ट-ऑफिस की ओर चल देता है। कोई सबेरे जाने के लिए

अभी से गठरी बाँध लेता है। कोई पत्र को बकुचे में सुरक्षित रखकर अन्य आवश्यक कार्य निपटाने में लग जाता है। और कोई स्नेह से उँगलियाँ फेर-फेरकर अक्षरों की स्याही फैलाने लगता है।

अनेक बार तो पत्रों को डाकखाने तक पहुँचा देने का कर्तव्य भी मुझे सँभालना पड़ जाता है; पर प्रेषक इस सम्बन्ध में जितना अपना विश्वास करते हैं, उतना मेरा नहीं।

चिट्ठी डालने के लाल बम्बे को पहचानने में उनसे भूल न होगी, इस सम्बन्ध में वे आश्वस्त हैं; पर मैं जिसे यह काम सौंपूँगी, वह भूल से पत्र को किसी दूसरे बम्बे में नहीं डाल सकता, इस विषय में उनका सन्देह बना ही रहता है। विशेषतः शहर में जहाँ-तहाँ पत्र डालने के और पानी के बम्बों का बाहुल्य उन्हें निश्चिन्त होने नहीं देता।

उत्तर की प्रतीक्षा के दिन तो उन्हें और भी व्यस्त कर देते हैं। जहाँ सप्ताह में एक बार डाकिया आता है, वहाँ के पत्र-प्रेषक प्रायः नित्य ही डाकखाने तक दौड़ लगाते हैं। उनके नाम कोई चिट्ठी नहीं आई, इतना सुनकर सन्तुष्ट हो जाना भी उनके लिए सम्भव नहीं। कोई अपना नाम, उपनाम बताने और फिर से सब पते जाँच लेने का हठ करने के कारण डाकबाबू से झिड़की खाता है। कोई पत्र पाने की दुराशा में गोत्र से लेकर गाँव तक के परिचय की अनेक आवृत्तियाँ करके डाकिये का कोप-भाजन बनता है।

जो पत्र मेरे पते से आते हैं, उनके सम्बन्ध में उत्तर देते-देते मेरा धैर्य भी सीमा तक पहुँचे बिना नहीं रहता।

कोई पूछता है, उत्तर आने में कै दिन बाकी हैं। कोई जानना चाहता है कि पता लिखने में भूल तो नहीं हुई। किसी का अनुमान है कि पत्र पाने वाले के नाम के साथ उसकी सब विशेषताएँ न जोड़ देने के कारण ही पत्र नहीं पहुँच पाया। किसी को सन्देह है कि टिकट पुराना होने के कारण, डाकबाबू ने पत्र को रद्दी में न फेंक दिया हो। किसी को शंका है कि बरसात के कारण पते के अक्षर न धुल गए हों। किसी का विश्वास है कि चिट्ठी भारी हो जाने के कारण बैरंग होकर निरुद्देश्य घूम रही होगी।

उनकी नासमझी पर कभी हँसी आती है, कभी क्रोध। उनकी विवशता पर कभी झुँझलाहट होती है, कभी ग्लानि। अपने भावों और विचारों के विनिमय के लिए इतने आकुल व्यक्तियों को किसने इतना असमर्थ बना डाला? इतने विशाल जन-समूह को वाणीहीन बनाकर जिन्हें अपनी वाग्विदग्धता का अभिमान है, वे कितने निर्लज्ज हैं? इस प्रकार के प्रश्न स्वाभाविक ही कहे जाएँगे।

यह सब तो जैसे-तैसे चल ही रहा था; पर एक दिन जब गुंगिया मेरे आँचल का छोर थामकर विविध हाव-भाव द्वारा पत्र लिख देने का संकेत करने

लगी, तब तो मैं स्वयं अवाक् रह गई। क्या कहीं मेरी दुर्दशा की सीमा नहीं है? क्या अब गूँगों के लिए भी पत्र लिखना होगा? गुंगिया किसे क्या लिखवाना चाहती है, यह मैं किस प्रकार समझ सकूँगी!

पर जिसे लेकर ये समस्याएँ उठ रही थीं, उसे इन सबके समाधान से कोई सरोकार नहीं था। मुझे इतने पत्र लिखते देखकर ही सम्भवतः उसका हृदय अपनी करुण विवशता भूल गया था।

इतनी सुख-दुःख कथाएँ लिख चुकने पर भी एक व्यक्ति, उसके ऐसे प्रत्यक्ष सुख-दुःखों की भाषा नहीं जानता है, ऐसा विश्वास गुंगिया के लिए सहज नहीं था।

मैं उसे अनेक बार देखते-देखते अब उसकी उपस्थिति की अभ्यस्त हो चुकी थी। आते समय वह मेरी प्रतीक्षा में बैठी हुई मिलती थी। जाते समय वह पीछे-पीछे चलकर दूर तक पहुँचाने आती थी। कुछ लिखते समय वह कहीं आसपास में बैठकर बड़े कुतूहल के साथ मेरा क्रियाकलाप देखती थी। पर, मैं अब तक उसे कौतुकी दर्शक मात्र समझ बैठी थी, इसी से जब उसने स्वयं पत्र-प्रेषक की भूमिका ग्रहण कर ली, तब मैं बड़े असमंजस में पड़ गई।

गुंगिया को यह उपनाम गूँगेपन के कारण मिला है। उसका नाम तो है धनपतिया। उसका पिता रग्घू तेली सम्पन्न भी था और ईमानदार भी। घर में पुष्ट बैलों की जोड़ी थी, कोल्हू चलता था और सरसों से लेकर रेंडी तक सब कुछ पेरा जाता था। रग्घू के तेल की शुद्धता और उसकी खली की उपयोगिता की ख्याति गाँव की सीमा लाँघ चुकी थी।

पहलौठी सन्तान होने के कारण गुंगिया के जन्म के उपलक्ष्य में बड़ी धूमधाम रही। नगाड़े वाले नेग लेने आए, डोमनी नाचकर चुनरी ले गई और तेलीपंचों की ज्योंनार में कई पीपे घी खर्च हो गया।

जच्चा को चिरौंची डालकर हरीरा दिया गया, बबूल का गोंद पागकर पँजीरी दी गई। जब सवा महीने में माँ बेटी को गोद में लेकर सौरी से निकली, तो परिवार वालों ने जच्चा-बच्चा के स्वास्थ्य को नजर से बचाने के लिए न जाने कितने टोने-टोटके किए। बालिका की इतनी लोई की गई कि उसकी रोमहीन देह मैदा की पिण्डी जैसी दिखाई देने लगी। उसके इतना तेल मला गया कि उसके अंगों पर देखनेवालों की दृष्टि फिसलने लगी।

गदबदे शरीर वाली धनपतिया ने दस महीने की अवस्था तक पहुँचते-न-पहुँचते चलना भी आरम्भ कर दिया; पर उसका कण्ठ पाँच वर्ष की अवस्था पार करने पर भी नहीं फूटा। न वह माँ कह सकी न दादा, न उसके मुख से दूधू निकला न हप्पा। केवल ऐं-ऐं को विशेष ध्वनियों में उच्चारण करके ही वह मन के भाव व्यक्त करना जानती थी।

बोलना आरम्भ करने की अवस्था निकल जाने पर माँ-बाप के मुख पर चिन्ता की छाया पड़ने लगी। गंडे व ताबीज़ बाँधे गए। जन्तर-मन्तर का सहारा लिया गया, झाड़-फूँक का उपचार हुआ। मानता, पूजा, अनुष्ठान आदि की शक्ति-परीक्षा हुई; पर धनपतिया पर वाणी कृपालु न हो सकी। अन्त में रग्घू ने शहर ले जाकर डॉक्टर को भी दिखाया। गुंगिया के तालू और कौवे की बनावट में जो त्रुटि रह गई थी, उसका सुधार विशेष प्रकार के आपरेशन द्वारा ही हो सकता था, जिसके लिए न रग्घू के पास धन था न साहस। परिणामतः धनपतिया गुंगिया बनकर ही बढ़ने लगी। प्रायः गूँगेपन के साथ मिलने वाली बधिरता उसे न देकर विधाता ने उसके अभिशाप को दूना कर दिया, क्योंकि श्रवणशक्ति के अभाव में मूकता उतनी असह्य नहीं लगती, जितनी उसके साथ। उसकी पीठ पर केवल एक बहिन और हुई जो बोलने का वरदान लेकर आई थी।

गुंगिया ने वाणी के अभाव को मानो समझदारी से भर लिया था। वह इतनी कुशाग्र-बुद्धि थी कि जो एक बार देखती, उसे कभी न भूलती, जो एक बार सीखती, उसमें कभी त्रुटि नहीं होने देती। आठ-नौ वर्ष की अवस्था तक पहुँचते-पहुँचते वह घर के कामों में माँ की सहकारी बन बैठी।

अब विवाह की समस्या का समाधान आवश्यक हो गया। कन्या के जीवन से चिर-कौमार्य का कलंक दूर करने के लिए रग्घू ने उसी धोखाधड़ी का आश्रय लिया, जो विवाह की हाट के अनुपयुक्त कन्याओं के माता-पिता का ब्रह्मास्त्र है। उसने किसी दूरस्थ गाँव में छोटी कन्या की सगाई करने के उपरान्त विवाह के अवसर पर मण्डप तले गुंगिया को बैठाकर शेष विधि सम्पन्न करा दी।

तीन-चार वर्ष के बाद गौने में ससुराल पहुँचकर गुंगिया ने अपनी दयनीय स्थिति का नवीन परिचय पाया। वह जब कुछ न बोल सकी और विवश किए जाने पर ऐं-ऐं करने लगी, तब ससुराल वाले धोखा खाने के क्षोभ में आपे से बाहर हो गए।

बहू गूँगी है, उसके बाप ने सबको ठग लिया, इसे गहने छीनकर निकाल दो, आदि उद्‌गारों में गुंगिया ने अपने जीवन के निठुर अभिशाप की वह छाया देखी, जो नैहर में माँ-बाप की ममता से ढकी हुई थी।

उसने बड़ी दीनता से सास के पैर पकड़ लिए और लात खाने पर भी उन्हीं में मुख छिपाए हुए रोती रही; पर किसी का हृदय न पसीजा। धोखा तो धोखा ही है। जिसने उनके साथ छल-कपट का व्यवहार किया, वह यदि स्वयं दंड न भोगे, तो उसकी सन्तान को तो भोगना ही पड़ेगा, अन्यथा न्याय की महिमा कहाँ रहेगी! अन्त में सब गहने-कपड़े रखकर ससुराल वालों ने गुंगिया को उसके पिता के घर भेजकर ही सन्तोष की साँस ली।

रग्घू अपने कार्य से पहले ही अनुतप्त था। अन्याय-प्रतिकार के रूप में उसने अपनी दूसरी लड़की का विवाह वहीं कर देने का प्रस्ताव भेजकर सन्धि

कर ली। इस बार कन्या को भली-भाँति देख-सुनकर शुभ-मुहूर्त्त में यह विवाह भी हो गया। बूढ़ियाँ कहती हैं कि जब गुंगिया ने अपने चढ़ावे में आए हुए गहने-कपड़ों में सजी हुई बहिन का अपने पति से गठबन्धन होते देखा, तब वह मुँह में आँचल ठूँसकर ही रुलाई रोक सकी।

बहिन के चले जाने पर वह अपनी मूक सेवा से माता-पिता का सन्ताप दूर करने का प्रयत्न करने लगी।

तब से बहुत समय बीत गया। गुंगिया के माँ-बाप भी परलोक सिधार गए और उसके सास-ससुर भी। उसकी बहिन रुकिया ने दो बच्चों को जन्म दिया; पर उनमें एक भी तीन वर्ष से अधिक आयु लेकर नहीं आया। तीसरे का शोक न सहने के विचार से ही सम्भवतः वह उसे होते ही मातृहीन बना गई। घर में उसके पालने का कोई प्रबन्ध न कर सकने के कारण पिता नवजात शिशु को ससुराल ले गया और उसे गुंगिया की गोद में रखकर रोने लगा।

अपने ही समान वाणीहीन शिशु की टिमटिमाती हुई आँखों में गुंगिया ने कौन-सा सन्देश पढ़ लिया, यह तो वही जाने; पर वह उसे लौटा देने का साहस न कर सकी। बहनोई ने दबी जबान से उसे घर ले चलने का प्रस्ताव किया; पर उसके मुख पर अस्वीकृति की कठोर मुद्रा देखकर बीच में ही रुक गया।

गाँववालों ने इस गूँगी माँ का सन्तान-पालन देखकर दाँतों तले उँगली दबाई। उसने एक बैल बेचकर बच्चे के दूध के लिए दो बकरियाँ खरीदीं, अपने धराऊ कपड़े काटकर उसके लिए झँगूला, टोपी सिलवाए, अपनी हमेल, पहुँची तुड़वाकर उसके लिए पैंजनी, करधनी, कठुला और कड़े गढ़वाए तथा नामकरण के दिन, अपने जोड़े हुए रुपए खर्च करके सबकी दावत कर डाली।

माँ-बाप के न रहने से गुंगिया का कारोबार वैसे ही धीमा हो गया था, उस पर अब वह शिशु की देख-रेख में व्यस्त हो गई। इस प्रकार सम्पत्ति घटने के साथ-साथ हुलासी बढ़ने लगा। उसके बाप ने पहले कुछ दिनों तक खोज-खबर ली, फिर वह नई पत्नी और नई सन्तान के स्नेह में उसे भूल ही गया। गुंगिया ने न उससे कभी कुछ माँगा और न हुलासी के राजसी खर्च में कमी की।

एक अवस्था तक गुंगिया और उसका बेटा दोनों गूँगे थे, अतः एक-दूसरे की बात संकेतों से ही समझते रहे। बोलना सीख जाने पर अबोध बालक माँ के मौन पर विस्मित हुआ, फिर कुछ समझदार होने पर वह लज्जा का अनुभव करने लगा। गाँव के लड़के जब उसे 'गूँगी का बेटा गूँगा' कहकर चिढ़ाते, तब वह मर्माहत हो जाता। कभी उन्हें मारने दौड़ता, कभी रोने लगता। जब गुंगिया शोर-गुल सुनकर दौड़ आती और विविध चेष्टाओं के साथ 'ऐं-ऐं' कहकर उन्हें डाँटना आरम्भ करती, तब वे नटखट बालक 'गूँगा मौसी, गूँगा मौसी' की रट लगाते हुए भाग खड़े होते।

हुलासी को घर लाकर वह बेचारी गोद में बैठाती, मटकी से निकालकर बतासे देती, उँगलियों से बालों की धूल झाड़ती, आँचल से मुख पोंछती और अनेक प्रकार के संकेतों द्वारा उसे समझाने का प्रयत्न करती; पर इस उपचार से बालक का क्षोभ और अधिक बढ़ जाता। कभी वह दोनों हाथों से उसे ढकेलने के उपरान्त आँगन में औंधे मुँह पड़कर और अधिक रोने लगता और कभी उसका अंचल खींचकर मचलता हुआ पूछता कि सबकी अम्माँ तो बोलती हैं, वही अकेली क्यों गूँगी है? गुंगिया इस प्रश्न का क्या उत्तर दे! गाँव की किसी भी माँ से वह स्नेह में, यत्न में कम नहीं; पर अपने गूँगेपन के लिए वह क्या सफाई दे!

ज्यों-ज्यों हुलासी बड़ा होता गया, त्यों-त्यों दूसरों के द्वारा अपने जीवन-वृत्त के सम्बन्ध में कुछ झूठ-कुछ सच जानता गया। गुंगिया तो कुछ कह नहीं सकती थी, इसी कारण अनेक निर्मूल दन्तकथाएँ भी प्रतिवादहीन रह गईं। गुंगिया अपने पति और घर को छीन लेने वाली बहिन से बहुत रुष्ट थी। प्रतिशोध लेने की इच्छा से ही वह उसके बेटे को बाप से छीन लाई है। हुलासी के प्रति वह जो प्रेम दिखाती है, उसके मूल में भी कुछ दुरभिसन्धि अवश्य है। इस प्रकार के संकेतों को पूर्णतः न समझ सकने पर भी बालक का मन गुंगिया अम्माँ से विरक्त होने लगा।

'परहित घृत जिनके मन माखी' कहकर गोस्वामी जी ने जिनका परिचय दिया है, उन्हीं का बहुमत होने के कारण गुंगिया का यह थोड़ा-सा सुख भी एक अव्यक्त व्यथा में परिवर्तित हो गया। हुलासी का पिता किस अरक्षित अवस्था में अपने पुत्र को छोड़ गया था, उसने उसके पालन के सम्बन्ध में कितनी उपेक्षा दिखाई थी, विमाता ने अपनी सन्तान का अधिकार सुरक्षित रखने के लिए उसे दूर रखने का कितना प्रयत्न किया था, यह सब उसे बताता ही कौन!

गुंगिया के नीरव स्नेह की गहराई उसकी पहुँच से बाहर थी। इसके अतिरिक्त विशेष दुलार पाने के कारण वह उसके स्नेह को अपना प्राप्य समझने लगा था, उसका दान नहीं।

एक दिन जब उसने गुंगिया से पूछ ही लिया कि वह उसे उसके बाप से क्यों छीन लाई है, तब गुंगिया के हृदय में विष-बुझा बाण-सा छिद गया; पर वह अपनी व्यथा भी कैसे प्रकट करती! बोलने के प्रयास में खुला मुँह, विस्मय से भरी आँखें, निराशा से विजड़ित भंगिमा आदि बालक के लिए एक अबूझ पहेली बनकर रह गए।

बालक के पिता की खोज करने पर पता चला कि वह किसी कारखाने में काम मिल जाने के कारण बाल-बच्चों के साथ कानपुर चला गया है। इसके उपरान्त गुंगिया ने अपने ककने गिरवी रखकर उसे पिता के पास भेजने का प्रबन्ध किया।

हुलासी के लिए नए कपड़े बने। काठ और मिट्टी के रंग-बिरंगे खिलौने एक पिटारे में यत्नपूर्वक सजाए गए। भुने महुए, गुड़धानी, लड्डू आदि मिष्टान्नों की गठरी बाँधी गई। चिकनी काली दोहनी में घी भरा गया।

गाँव के रिश्ते से काका लगने वाले एक विज्ञ को बड़ी मनुहार के उपरान्त साथ जाने के लिए राजी किया गया। फिर एक दिन पण्डितजी के बताए मुहूर्त्त में असगुन के डर से आँसू रोकती हुई गुंगिया तीन मील चलकर हुलासी और काका को रेल में बैठा आई। उन्हें पहुँचाकर लौटते समय उसके लिए गाँव तक पहुँचना भी कठिन हो गया।

कभी खेत की मेंड़ पर खड़ी होती, कभी पेड़ों की छाया में बैठती, कभी रोती, कभी हँसती गुंगिया घर पहुँची और आँगन के तुलसीचौरे पर ही सबेरे तक औंधे मुँह पड़ी रही।

कई दिन उसका मन उड़ा-सा रहा। जिस दिन उसने काम करने का निश्चय करके द्वार खोला, उसी दिन धूल-धूसरित काका के पीछे आते हुए हुलासी पर उसकी दृष्टि पड़ी। बालक के नए कपड़े मैले हो गए थे, मुख कुम्हला गया था। वह दौड़कर बेटे को कंठ से लगाकर शब्दहीन अस्फुट क्रन्दन में अपनी अतीव व्यथा प्रकट करने लगी।

अन्त में यात्रा का परिणाम ज्ञात हुआ। दो दिन इधर-उधर भटकने के उपरान्त हुलासी के पिता से भेंट हुई। वह एक मैली संकीर्ण गली में दो अँधेरी कोठरियाँ लेकर अपने चार बच्चों और घरवाली के साथ रहता है। इस भूले हुए पुत्र को देखकर उसकी आँखों में जो ममता चमक उठी थी, वह पत्नी की कठोर दृष्टि की छाया में खो गई। रात-भर पति-पत्नी में विवाद होता रहा।

सबेरे विविध तर्कों के द्वारा उसने काका महोदय से पुत्र को लौटा ले जाने का अनुरोध किया। हुलासी की ननसार में जो कुछ है, वह उसी को मिलेगा; पर उन बच्चों का तो वही एक आधार है। हुलासी पिता के घर में भी विमाता के पास रहेगा और ननसार में भी, ऐसी दशा में उसे गुंगिया के साथ रहकर कारोबार, घर-जमीन, रुपया-पैसा आदि सँभालना चाहिए। उसका सौतेला भाई जब कुछ बड़ा हो जाएगा, तो वह भी हुलासी के पास भेज दिया जाएगा। हुलासी की विमाता स्वयं गाँव जाकर रहने के पक्ष में है; पर गुंगिया को यह पसन्द न होगा। पर, वह अमर होकर तो आई नहीं है! उसके बाद वे सब एकत्र होकर उसका कारोबार सँभालेंगे।

इस कठोर व्यावहारिकता के सामने न हुलासी के क्रन्दन की चली, न काका के अनुनय की। निरुपाय वे दोनों पराजित सैनिकों के समान क्लान्त भाव से लौट पड़े। हुलासी की विमाता ने घी, मिष्टान्न आदि को अपने लिए भेजा हुआ उपहार मानकर रख लिया और खिलौने, नए कपड़े आदि को अपने बच्चों का

प्राप्य समझकर उन्हें बाँट दिया।

इस प्रकार हुलासी अकिंचन बनकर ही गुंगिया के पास लौट सका था। उस बेचारी ने बालक के आहत हृदय को अपनी ममता के लेप से अच्छा करने में कुछ उठा नहीं रखा।

इसके अतिरिक्त उसकी प्रिय वस्तुओं को एकत्र करने के लिए वह एड़ी-चोटी का पसीना एक करने लगी; पर बालक के कोमल हृदय में विश्वास का जो तार टूट गया था, उसका जुड़ना सहज नहीं था। जो कुछ अप्राप्य है, उसी को पाने के लिए मनुष्य विकल होता है, इसी नियम से हुलासी का हृदय भी पिता, भाई, बहिन के लिए रोता रहता था।

गुंगिया के घर-द्वार और धन के लिए ही पिता ने उसे नहीं रखा, उसके न रहने पर ही वे सब साथ रह सकेंगे, आदि विचार भी उसके हृदय को विषाक्त करते रहते थे।

इस तरह दो वर्ष और भी बीत गए। जब हुलासी कुछ स्वस्थ होकर गुंगिया के काम में हाथ बँटाने लगा था, तभी उसके परिहासप्रिय दुर्भाग्य से एक बाबाजी अपने दो-तीन शिष्यों के साथ वहाँ आ पहुँचे। वे पर्यटन क्रम में वहाँ आए थे; परन्तु चतुर्मास बिताने के लिए ठाकुर की अमराई में डेरा डालकर वर्षा बीतने की प्रतीक्षा करने लगे।

ऐसे बाबा-वैरागियों का आगमन गाँववालों के लिए महान् घटना है। कोई दूध की दोहनी भेंट करता था, कोई घी की हँडिया। कोई पका काशीफल उपहार में दे जाता था, कोई गुड़ की भेली। कोई पुराना चावल रख जाता था, कोई चक्की का पिसा, सफेद गेहूँ का आटा। कोई मालपुओं का भंडारा करने की इच्छा प्रकट करता था, कोई खीर पूरी के भोज की।

यह सब अभ्यर्थना निःस्वार्थ ही नहीं होती थी। सेवा करने वाले भक्तों में से सभी एक-न-एक वरदान चाहते थे। किसी को बुढ़ौती में पुत्र चाहिए। किसी को और अधिक धन की आवश्यकता थी। कोई अपने पट्टीदार को हराना चाहता था। कोई अपने सगे भाई को विरक्त करने के लिए उच्चाटन-मन्त्र माँगता था। कोई किसी को वश में करने के साधन का जिज्ञासु था। कोई रेहन रखे हुए खेत को बिना रुपया चुकाए लौटाने का उपाय पूछता था। कोई गिरवी रखे गहने को हथियाने के लिए कर्जदार में चित्त-भ्रम उत्पन्न करने का इच्छुक था। कोई बिना औषध के ही रोगमुक्त होने की याचना करता था। सारांश यह कि भक्तों में प्रायः सभी कोई उचित या अनुचित अभिलाषा छिपाए हुए बाबाजी के सामने हाथ जोड़े बैठे रहते थे।

बाबाजी तो मानो 'आये थे हरिभजन को ओटन लगे कपास' को चरितार्थ करने के लिए अवतीर्ण हुए थे। तम्बाकू के पिण्ड-जैसे काले शरीर में राख का

अंगराग लगाकर, नकली जटा-जूट का मुकुट धारण कर और चिमटे का राजदंड थामकर वे एक कुशासन पर आसीन होकर इन याचकों के दरबार का संचालन करते। उनके दान की प्रणाली भी कम रहस्यपूर्ण नहीं थी। किसी याचक की ओर प्रसन्न मुद्रा से देख भर लेते, किसी को हाथ के संकेत से आश्वासन देने का अनुग्रह करते, किसी के प्रति चिमटा खनका कर, असन्तोष व्यक्त करते, किसी को धूनी में से चुटकी-भर विभूति देकर सन्तुष्ट कर देते; इस प्रकार न उनके पास से कोई पूर्णतः निराश लौट सकता था, न कृतार्थ।

जिसकी याचना की ओर उनकी लेशमात्र भी उपेक्षा देखी जाती थी, वह दुगने उत्साह से उनकी सेवा में लग जाता और जिस पर वे विशेष कृपालु रहते थे, वह उस कृपा को स्थायी बनाए रहने के लिए और अधिक उपहार लाता रहता।

स्त्री याचकों के प्रति उनकी कृपा स्वाभाविक रहती थी। कोई ग्रामवधू जब अपने पति की अवज्ञा या अपनी सन्तानहीनता की दुःखगाथा सुनाती, तब उनकी गाँजे के नशे से अरुण आँखें और अधिक अरुण हो जातीं।

तीन-चार किशोर शिष्य उनकी सेवा में दिन-रात एक किए रहते थे। उनमें कोई कौपीनधारी था, कोई अँगोछा लपेटे घूमता था। कोई मुण्डित सिर था, किसी की नकली नई जटा सिर से खिसक-खिसक जाती थी। कोई उनके लिए प्रसाद लाते-लाते बीच में थोड़ा चख लेता था और कोई चिलम भरते-भरते एक दम लगाए बिना न रहता। गाँव के कुतूहली लड़के बाबाजी को घेरे ही रहते थे। इन्हीं के साथ हुलासी भी वहाँ आने-जाने लगा।

बाबाजी मुखमुद्रा, व्यवहार, कथोपकथन आदि से बहुत कुछ जान लेने की शक्ति रखते थे। हुलासी के सम्बन्ध में वे कितना जान चुके थे, यह कहना तो कठिन है; पर एक दिन उसे प्रथम बार देखने का अभिनय करके वे बोल उठे—"अहा! तू तो बड़ा सिद्ध पुरुष होने वाला है बच्चा! तेरा ललाट तो दगदगाता है; पर तेरे मन में—ज़रा पास आ, तेरी भाग्य-रेखा तो देखूँ!"

अजगर की साँस, जैसे उसका आहार बनने योग्य जीव-जन्तु को खींच लाती है, वैसे ही बाबाजी की दृष्टि हुलासी को निकट खींच लाई। फिर इस आकर्षण से वह कभी न मुक्त हो सका।

गुंगिया ने भी बाबाजी के पास तिल, गुड़, तेल आदि की सौगात भेजी थी; परन्तु उनसे कुछ पूछने के लिए न उसके पास वाणी थी न इच्छा। हुलासी जब वहाँ रात-दिन पड़ा रहने लगा तब उसे चिन्ता हुई। एक दिन वह बाबाजी के सामने ही उसे हाथ पकड़कर घसीट लाई; पर दूसरे दिन वह उसकी आज्ञा की उपेक्षा करके फिर वहीं जा पहुँचा। कोई उपाय न रहने पर उसने बाबाजी के सामने फटा आँचल फैलाकर अपने एकमात्र बालक की भिक्षा माँगी।

बाबाजी चाहे करुणार्द्र हो गए हों; चाहे उन्होंने परिहास किया हो; पर यह

सत्य है कि उन्होंने हुलासी को घर जाने और वहाँ कभी न आने की आज्ञा देकर दीर्घ निःश्वास लिया। हुलासी तब से वहाँ नहीं देखा गया। चतुर्मासा पूरा होने के कुछ दिन शेष रहते ही एक दिन सबेरे गाँव वालों ने अमराई को सूना देखा। बाबाजी सम्भवतः रात में ही चले गए थे। उनके जाने का समाचार सुनकर और हुलासी के बिछौने को खाली देखकर गुंगिया ने अपना कपार पीट लिया। गाँव में कहीं उसे न पाकर वह कई मील तक रोती-बिलखती दौड़ी चली गई; पर बाबाजी का कोई चिह्न नहीं मिला। कुछ दिन बाद पता चला कि उसी रात को ऐसी एक साधु मण्डली चार-पाँच मील दूरस्थ स्टेशन से रेल पर सवार होकर चली गई है; पर इससे अधिक समाचार पाना सम्भव न हो सका।

गुंगिया का दुःख भी गाँववालों के कौतुक का कारण बन गया था। कोई चिढ़ाता—"बाबाजी आये गुंगिया!" कोई परिहास में कहता—"हुलासी का तार आया गुंगिया!" कोई व्यंग्य करता—"और दूसरे का बेटा लेकर लड़के वाली बन!"

पर गुंगिया हुलासी की प्रतीक्षा के अतिरिक्त और कुछ न जानती थी, न समझती थी। वह गाँव के लड़कों में न जाने क्या खोजती रहती। नया खिलौना देखते ही खरीद लाती और लाल पिटारी में सँभालकर रख देती। नया कपड़ा देखते ही हुलासी के नाप का कुरता सिलवा लेती और तह करके अपने काठ के सन्दूक में धर देती। हुलासी को अच्छी लगनेवाली मिठाइयाँ देखते ही मोल ले लेती और सीके पर रख आती। कभी-कभी रात के सन्नाटे में द्वार खोलकर किसी के आने की आहट सुनती। उसे पूर्ण विश्वास था कि हुलासी निश्चय ही एक दिन उसके पास लौट आवेगा; पर वह नहीं लौटा, तो नहीं लौटा।

जब मैंने गुंगिया को देखा, तब यह घटना बारह-तेरह वर्ष पुरानी हो चुकी थी। हुलासी को उसकी गूँगी मौसी के अतिरिक्त सारा गाँव भूल चुका था।

अचानक, कई वर्षों के उपरान्त गाँव लौटे हुए एक व्यक्ति ने बताया कि हुलासी कलकत्ते में एक सेठ का दरबान हो गया है। उसने विवाह करके गृहस्थी बसा ली है और उसके कई बच्चे हैं।

इस समाचार में सत्य का कितना अंश था, यह तो कहने वाला ही जाने; पर गाँववालों ने तो इस दन्तकथा में भी गुंगिया को चिढ़ाने का साधन पा लिया। अब हुलासी बड़ी आदमी हो गया है, अब वह गुंगिया को शहर दिखाएगा, मोटर में घुमाएगा आदि कहकर वे परिहास करने लगे; पर गुंगिया के लिए परिहास भी सत्य था।

भागकर कभी माँ की खोज-खबर तक न लेने वाले बेटे पर क्रोधित होना तो दूर की बात है, वह उसके प्रति और भी अधिक ममतामयी हो उठी। उसका लड़का न जाने कितने कष्ट से दिन बिताता होगा। उस परदेश में किसने उसकी भूख-प्यास की चिन्ता की होगी, किसने उसके कपड़े-लत्ते का ध्यान रखा होगा।

उन बैरागियों की टोली ने अवश्य ही उसे घुघ्घू का मांस खिलाकर घुघ्घू बना लिया था। जब उसे घर की सुधि आई होगी, तब लौटने के लिए रुपया-पैसा ही न रहा होगा। अब अवसर मिलते ही वह भला आदमी बन गया। गुंगिया अम्माँ जीती है, इसे वह कैसे जान सकता है। गाँव में किसी को लिखते हुए उसे लाज लगती होगी। फिर इतने वर्षों बाद उसे कौन पहचानेगा, यही सोचकर उसने न लिखा होगा। पर उसकी गुंगिया अम्माँ को तो इसे पत्र लिखना ही चाहिए। उसका समाचार पाते ही वह दौड़ा चला आवेगा। बहू भी आवेगी ही। बच्चे क्या दादी को देखने के लिए हठ न करेंगे? इसी प्रकार के विचारों में डूबती-उतराती गुंगिया एक दिन पत्र लिखने की इच्छा कर बैठी।

पर उसका पत्र लिखना सहज नहीं था। 'सिद्ध श्री सर्वोपमायोग्य श्री हुलासी तेली को उसकी गुंगिया अम्माँ का आशीष पहुँचे' लिखने के बाद गाड़ी रुक गई। तुमने भागकर बहुत बुरा किया, क्या यह लिखूँ, पूछने पर गुंगिया ने तर्जनी दिखाकर मना किया। तुमने जो कुछ किया, अच्छा किया, क्या यह लिख दूँ, पूछने पर गुंगिया ने सिर हिलाकर अस्वीकृति प्रकट की। तुम्हारी गुंगिया अम्माँ बारह बरस से तुम्हारी राह देख रही है, क्या यह लिखना चाहिए? पूछने पर गुंगिया की अनुकूल सम्मति प्राप्त हुई। बस इसी प्रकार नौसिखिए कवि के समान वाक्य जोड़-जोड़कर तोड़-तोड़कर मैंने पत्र समाप्त किया।

पता किसी को ज्ञात नहीं था, इसी से श्री हुलासीदीन तेली, कलकत्ता, लिखकर गुंगिया से पिण्ड छुड़ाया। चिट्ठी वह स्वयं डाल आई। पर इतने ही से मुझे छुट्टी न मिल सकी; क्योंकि गुंगिया जहाँ-तहाँ मुझे घेरकर उस डेड लेटर ऑफिस में खोए हुए पत्र के उत्तर के सम्बन्ध में अनेक संकेतात्मक प्रश्न करने लगी।

मेरी एक सहपाठिनी उन्हीं दिनों कलकत्ते में रहकर डॉक्टर युनान से अपनी चिकित्सा करा रही थीं, उन्हीं को मैंने गुंगिया की कथा लिखकर हुलासी को खोजने का काम सौंपा। एक सप्ताह बाद उनका जो उत्तर मिला, वह व्याजनिन्दा से भरा हुआ था। बिना पता-ठिकाना बताए हुए उस जन-समुद्र में हुलासी-जैसे अकिंचन व्यक्ति को खोज लेने की मैंने जो कल्पना की है वह मेरी अगाध नासमझी का परिचय देती है। ऐसा व्यवहार-ज्ञानशून्य व्यक्ति लोक-समस्या में अपने आपको न उलझाकर ही सुखी हो सकता है। हुलासी के पते के स्थान में यह सब उपदेश सुनकर मेरा मन खीज उठा तो आश्चर्य नहीं।

कुछ दिन और बीत गए। इसी बीच गुंगिया बीमार पड़ गई। उसे कई महीनों से जीर्ण ज्वर आ रहा था, जिसकी परिणति क्षय में हुई। जब वह खटिया से लग गई, तभी उसने काम करना बन्द किया। ज्यों-ज्यों खाँसी और कफ का कष्ट बढ़ता गया, त्यों-त्यों आने-जाने वालों की संख्या घटती गई। एक दूर का सम्बन्धी गुंगिया के बैल, कोल्हू आदि का प्रबन्ध करता था और उसकी कन्या

रोगिणी की थोड़ी-बहुत सेवा-टहल कर जाती थी।

जब कभी मैं गुंगिया को देखने पहुँच जाती, तब वह अपनी थकावट की चिन्ता न करके विविध संकेतों और चेष्टाओं द्वारा हुलासी के पत्र की बात पूछती।

इन्हीं दिनों सहपाठिनी का एक पत्र आया। उन्होंने लिखा कि हरभजन नामक नए नौकर को हुलासी को खोज निकालने का काम सौंपा गया था। हुलासी का तो अब तक पता न चल सका; पर गुंगिया के सम्बन्ध में सब जानकर हरभजन बहुत दुःखी हुआ है। उसका घर भी उसी ओर किसी गाँव में है और वह भी दस-बारह वर्ष पहले अपनी माँ को बिना बताए भाग आया था। अब उसकी माँ मर चुकी है; पर गुंगिया को सुख पहुँचाकर वह अपनी माँ की आत्मा को सन्तोष दे सकेगा, ऐसा उसका विश्वास है। तीसरा दर्जा पास होने के गर्व में वह स्वयं उलटा-सीधा पत्र लिख रहा है। गुंगिया को वह कुछ रुपया भी भेजना चाहता है। उसकी ओर से मालकिन ही भेज दें, यह प्रस्ताव उसे पसन्द नहीं, क्योंकि वह अपने पसीने की कमाई में से देना उचित समझता है। सत्यवादी बने रहने के प्रयास में उस मरणासन्न माँ का क्षणिक सन्तोष न नष्ट करूँगा, ऐसी उन्हें आशा है।

एक सप्ताह के उपरान्त हरभजन का पत्र और उसके भेजे दस रुपए भी मिल गए। कलकत्ते से समाचार आया है, सुनकर ही गुंगिया ने भेजने वाले को हुलासी समझ लिया। इसी से उससे न सत्य कहने की आवश्यकता हुई न असत्य कहने की। हरभजन के पत्र से भी न भेजने वाले का पता चलता था न पाने वाले का। कोई भी ग्रामीण पुत्र अपनी माँ को जो कुछ लिख सकता है वही उसने लिखा—"मइया हम जनम-जनम सेवा करके तुमसे उरिन नाहीं हुई सकित है। तुम तौ हमार लेखे विधना हौ। हमार मति बौराय गई नाहिं त हम तुम्हार अस महतारी छाँड़ि कै देस-परदेस काहे भटकत फिरित। अब हम तुम्हरे चरनन मा आउब जरूर। छुट्टी मिलै भर की देरी समझौ। तुम कौनउ परकार की चिन्ता न करौ। तुम्हार आसिरबाद हमरे ऊपर छत्तर अस छावा रहत है। हम कब्बौ विपदा मा न पड़ब। तुम्हार बहुरिया और पोता पालांगन भेजत हैं।"

गुंगिया ने उस मैले-फटे कागज के टुकड़े को अस्थिशेष उँगलियों में दबाकर पंजर-जैसे हृदय पर रखकर आँखें मूँद लीं; पर झुर्रियों में सिमटी हुई पलकों के कोनों से बहने वाली आँसू की पतली धार उनके कानों को छूकर मैले और तेल से चीकट तकिये को धोने लगी।

इसके एक मास बाद वह हुलासी के खिलौनों की खुली पिटारी और कपड़ों से भरे बक्स के बीच में मरी पाई गई। रुपये उसके तकिये के नीचे ज्यों-के-त्यों धरे मिले।

हरभजन के सम्बन्ध में और अधिक जानने का मैंने प्रयत्न किया; पर वह मालकिन के साथ इस ओर लौटा नहीं और वहाँ उसे खोजना हुलासी को खोजने

के समान ही असम्भव है।

जीवन में मैंने जितने विचित्र व्यक्ति और जैसे रहस्यमय इतिवृत्त देखे-सुने हैं, उनके सामने कल्पना के सभी निर्माण फीके पड़ सकते हैं; पर गुंगिया मेरे हृदय में जो करुण विस्मय जगा सकी थी, वह फिर नहीं जागा। मेरा पत्र-लेखन-क्रम टूटा नहीं। तब मैं अपने विनोद के लिए दूसरों की जीवन-कथा लिखती थी और अब दूसरों के सुख-दुःख पढ़ती हूँ, गुंगिया-जैसे व्यक्तित्व को खोजने के लिए। पर संसार में अज्ञान की जितनी आवृत्तियाँ होती हैं उतनी ज्ञान की नहीं, इसी से जीवन-रहस्य की झलक देने वाले क्षणों का प्रत्यावर्तन भी सहज नहीं।

कभी-कभी सोचती हूँ, वह वात्सल्य की अवाक्; पर चिर-स्पन्दनशील प्रतिमा क्या मेरी स्मृति में अकेली रहेगी।

आशय स्पष्ट कीजिए :

1. साधारणतः ये ग्रामीण नागरिक बुद्धिजीवियों से अधिक भावुक होते हैं।
2. श्रवणशक्ति के अभाव में मूकता उतनी असह्य नहीं लगती, जितनी उसके साथ।
3. जो कुछ अप्राप्य है, उसी को पाने के लिए मनुष्य विकल होता है।
4. संसार में अज्ञान की जितनी आवृत्तियाँ होती हैं, उतनी ज्ञान की नहीं। इसी से जीवन-रहस्य की झलक देनेवाले क्षणों का प्रत्यावर्तन भी सहज नहीं।
5. नागरिक जीवन का अकारण सन्देह, कर्मनिष्ठा को पंगु और उसका लक्ष्यहीन दुराव, जीवन-दर्शन को भ्रान्त कर देता है।

लघूत्तरीय प्रश्न :

1. गुंगिया का लेखिका से परिचय कैसे हुआ?
2. गुंगिया आजीवन हुलासी के वियोग में क्यों तड़पती रही?
3. हुलासी का मन गुंगिया से विरक्त क्यों रहने लगा?
4. गुंगिया के प्रति हुलासी के मन में दुराग्रह पैदा करने में गाँव वालों की क्या भूमिका रही?
5. गाँव में उपनाम रखने की प्रवृत्ति का क्या आधार है?

विवेचनात्मक प्रश्न :

1. 'सहानुभूति रहित समाज अपाहिजों और दुःखियों पर अधिक विपत्ति ढाता है'–पाठ के आधार पर इस कथन की समीक्षा कीजिए।
2. ग्रामीणों के लिए पत्र लिखते समय लेखिका के सामने कौन-कौन-सी कठिनाइयाँ आती हैं–विस्तारपूर्वक बताइए।

फणीश्वरनाथ रेणु
(1921-1977)

स्वातंत्र्योत्तर हिंदी गद्य साहित्य के निर्माताओं में फणीश्वरनाथ रेणु का नाम महत्त्वपूर्ण एवं विशेष उल्लेखनीय है। रेणु के साहित्य की जड़ें गाँव की जिन्दगी में दूर-दूर तक रमी हुई हैं। उन्हें गाँवों से लगाव था। गाँव के महाजनों, साहूकारों और महन्तों की निरंकुशता एवं बर्बर व्यवहार को रेणु ने निकटता से देखा था। बचपन से ही रेणु के मन में इस निरंकुशी प्रवृत्ति के प्रति आक्रोश था जो धीरे-धीरे सामाजिक संघर्ष के दर्शन में परिवर्तित हो गया। नेपाली क्रान्ति और समाजवादी आन्दोलन से जुड़कर रेणु ने इस दर्शन को व्यवहार में ढाल दिया।

फणीश्वरनाथ रेणु का जन्म 4 मार्च, 1921 ई. को एक मध्यम आय वाले किसान परिवार में हुआ। इनके गाँव का नाम औराही हिंगना है जो पूर्णिया जिले का एक पिछड़ा हुआ, दूरदराज का गाँव है। रेणु ने अपनी मैट्रिकुलेशन तक की शिक्षा फारबिसगंज से पूर्ण की। आगे की शिक्षा के लिए उन्हें बनारस भेज दिया गया किन्तु उस समय भारत में ब्रिटिश सरकार के खिलाफ असहयोग आन्दोलन जोरों से चल रहा था, रेणु का युवा मन रुक न सका और वे एक सक्रिय क्रान्तिकारी की भाँति इस आन्दोलन से जुड़ गए। ये नेपाली क्रान्ति और समाजवादी आन्दोलन से भी जुड़े तथा आपातूकाल में जेल में भी रहे। रेणु का साहित्यिक जीवन स्वतन्त्रता-प्राप्ति के बाद ही आरम्भ होता है। इन्होंने अपने उपन्यासों और कहानियों के माध्यम से 'आंचलिक कथा साहित्य' का दौर आरम्भ किया जिसकी धारा अब तक विद्यमान है।

साहित्यिक लेखन के क्षेत्र में रेणु रिपोर्ताज के माध्यम से ही उतरे थे, जो विभिन्न पत्र-पत्रिकाओं में प्रकाशित हुए। रेणु द्वारा लिखे गए रिपोर्ताज केवल सूचना ही नहीं देते बल्कि वे मानवीय संवेदना से मुक्त होकर जीवन के विभिन्न उतार-चढ़ावों का गहराई से अध्ययन भो करते हैं। इनके रिपोर्ताजों के सम्बन्ध में श्री रघुवीर सहाय ने लिखा है—''रेणु का देखना एक ही साथ बाहर और भीतर दोनों ओर होता है। यही उनके ब्यौरों को अर्थ देता है।'' (ऋण जल : धन जल की भूमिका से) रेणु के रिपोर्ताजों का फलक अत्यन्त विस्तृत है जो विविधताएँ लिए हुए है। परिवर्तन के लिए छटपटाते शोषित जन की पुकार इनके

रिपोर्ताजों में रच-बस गई है। रेणु के रिपोर्ताजों के द्वारा उनकी क्रान्तिकारी मानसिकता का परिचय मिलता है। रेणु में एक विशिष्ट कला है—वे पाठक को घटना की तह तक ले जाकर विसंगतियों और विभीषिकाओं का ब्यौरा देते हैं तथा उस घटना विशेष के मानवीय कारणों की ओर संकेत भी देते हैं।

रेणु के रिपोर्ताजों में सर्वत्र एक प्राण शक्ति विद्यमान है जो भविष्य के प्रति आश्वस्त करती है। इन रिपोर्ताजों में कल्पना, कला, रूप, रंग, रस आदि सब कुछ विद्यमान है। फणीश्वरनाथ रेणु के रिपोर्ताजों के द्वारा हिंदी के रिपोर्ताज साहित्य को नई ऊँचाइयाँ प्राप्त हुई हैं, ये रिपोर्ताज अपने समय की राजनीति, इतिहास और काल की क्रूरता के महत्त्वपूर्ण दस्तावेज बन गए हैं।

रचनाएँ

कहानी संग्रह : 'ठुमरी', 'आदिम रात्रि की महक', 'अग्निखोर', 'एक श्रावणी दोपहरी की धूप', 'अच्छे आदमी', 'मेरी प्रिय कहानियाँ', 'भित्तिचित्र की मयूरी'।

उपन्यास : 'मैला आँचल', 'परती : परिकथा', 'जुलूस', 'दीर्घतपा', 'पलटू बाबू रोड', 'कितने चौराहे'।

रिपोर्ताज : 'ऋणजल : धनजल', 'नेपाली क्रान्तिकथा', 'वनतुलसी की गन्ध'।

निबन्ध संग्रह : श्रुत-अश्रुत पूर्व।

पुरस्कार : 1974 ई. में भारत सरकार की ओर से 'पद्मश्री' की उपाधि से सम्मानित, किन्तु इसी वर्ष तत्कालीन सरकार के रवैये से असन्तुष्ट होकर त्याग। 1977 ई. में मेरीगंज (रानीगंज) की जनता द्वारा 'लोकरत्न' की उपाधि से सम्मानित।

सरहद के उस पार : प्रतिपाद्य

'सरहद के उस पार' रेणु का नेपाल से सम्बन्धित रिपोर्ताज है। इसका सर्वप्रथम प्रकाशन 'जनता' के 2 मार्च, 1947 अंक में हुआ था, अब यह 'रेणु ग्रन्थावली' में संकलित है। प्रस्तुत रिपोर्ताज एक यात्रा-कथा है जिसमें फणीश्वरनाथ रेणु एक यात्री के रूप में नेपाल के विराटनगर शहर में जाते हैं तथा उस स्थान की आम जनता की स्थिति, मजदूरों की दुर्दशा, पूँजीपतियों की विलासिता, नेताओं की चुप्पी वाली भूमिका आदि पर अपना दृष्टिकोण रखते हैं। रेणु का नेपाल के कोइराला परिवार से घनिष्ठ सम्बन्ध था। इसी परिवार में रहकर रेणु ने पहले राजनीति और फिर साहित्य की शिक्षा प्राप्त की। यहीं पर रेणु ने समाजवादी साहित्य और नेपाली परिस्थितियों का अध्ययन किया।

विराटनगर नेपाल का एक प्रसिद्ध शहर है जो भारत की जोगबनी सीमा

के उस पार बसा है। 1942 की क्रान्ति के दौरान यह शहर भारत के समाजवादियों का ठिकाना था। इसी कारण नेपाल सरकार की समाजवादियों पर हमेशा कड़ी नजर रहती है। लेखक ने विराटनगर को 'मिलों का नगर' कहा है। साथ ही वे इस शहर को सिंहानिया, चमड़िया, लायकाओं जैसे पूँजीपतियों का 'षड्यन्त्र क्षेत्र' भी कहते हैं। ये पूँजीपति 'इनकम टैक्स' तो देते ही नहीं हैं, कानून की भी बिल्कुल चिन्ता इन्हें नहीं है। इन गिनती भर पूँजीपतियों के शोषण चक्र के नीचे पन्द्रह-बीस हजार मजदूर अपने परिवारों सहित और भोली-निरीह जनता निरन्तर पिस रही है। लेखक को मजदूरों की रिहायशी कालोनी सूअर के खुहारों का समूह प्रतीत होती है। इन मजदूरों और इनके बाल-बच्चों की शिक्षा-चिकित्सा की चिन्ता न तो वहाँ की सरकार को है और न ही पूँजीपतियों को। ऊपर से मजदूरों के जीवन को और ज्यादा नरक बनाने के लिए सुरा-सुन्दरी का विशेष प्रबन्ध इन पूँजीपतियों ने कर दिया है। यहाँ हर दस क्वार्टरों पर एक शराब की भट्ठी और हर पाँच क्वार्टरों पर एक वेश्यालय है जहाँ हर किस्म की शराब और वेश्याओं की सुविधा है। सबसे अधिक आश्चर्य की बात यह है कि त्योहारों या नेपाल के महाराजा के जन्मदिन पर यहाँ जुआ खेलने के लिए सार्वजनिक छुट्टी कर दी जाती है।

विराटनगर एक तरफ मजदूरों का नरक है और दूसरी तरफ पूँजीपतियों का स्वर्ग है। पूँजीपतियों के बँगले अत्यन्त विशाल और सुन्दर हैं। लेखक ने इन बँगलों को 'साँप की बांबियों' (घरों) की संज्ञा दी है। विराटनगर में दिन-प्रतिदिन नई मिलें खुलती जा रही हैं और उसके साथ ही जनता की मेहनत और पसीने की गाढ़ी कमाई विदेशी बैंकों को भरती जा रही है। दिन-रात मेहनत करने के बावजूद जनता की हालत निरन्तर जर्जर और दीन-हीन होती जा रही है। उनके लिए कोई भी सुधार कार्य नहीं किया जा रहा है। यहाँ तक कि शासकों, पूँजीपतियों और ठेकेदारों की मिलीभगत के कारण राजपथ भी कभी धूल और कभी कीचड़ से सना रहता है। रेणु ने नेपाल के लोगों की जीवन-कहानी को सड़कों की जीवन-कहानी के समान माना है। जिस प्रकार यहाँ की सड़कें गड़बड़घोटालों के कारण जर्जरित स्थिति में हैं, यदि उन पर ध्यान दिया जाता तो आज वे अच्छी हालत में होतीं। ठीक ऐसे ही नेपाल के लोगों में साहस की कमी नहीं है, यदि सरकार द्वारा इनके साहस को सही दिशा प्रदान की जाती तो आज ये उपेक्षणीय नहीं होते, किन्तु सरकार ने अपना उल्लू सीधा करने के लिए जनता को मूर्ख बनाया है। नेपाल का साहित्य भी जनता को जाग्रत नहीं कर पा रहा है। प्रगतिशील और यथार्थवादी कही जानेवाली साहित्यिक रचनाएँ भी जनता की बद से बदतर होती जा रही हालत में कोई सुधार नहीं ला पा रही हैं। रेणु ने इस बात पर भी दुःख प्रकट किया है नेपाल का पड़ोसी राष्ट्र होने पर भारतीय नेताओं ने उसकी स्थिति पर चुप्पी तान रखी है। नेपाल भारत

का पड़ोसी हिन्दू राष्ट्र है और यदि पड़ोस में शान्ति होती है तो अपने देश में भी उसका अच्छा प्रभाव पड़ता है किन्तु भारतीय नेता समूचे विश्व के लिए तो अपनी संवेदना प्रकट करते हैं, नेपाल के लिए नहीं। अन्ततः लेखक उम्मीद प्रकट करता है कि अत्यधिक शोषण होने के कारण यहाँ शीघ्र ही जबरदस्त क्रान्ति होगी और वह निश्चित रूप से सफल भी होगी।

इस प्रकार प्रस्तुत रेखाचित्र में फणीश्वरनाथ रेणु ने विराटनगर के माध्यम से नेपाली जनता की आर्थिक, सामाजिक और राजनीतिक स्थिति का सजीव और सशक्त चित्र खींच दिया है। सन् 1947 में रेणु विराटनगर जूट मिल के मजदूर आन्दोलन में सक्रिय हिस्सेदारी के लिए गिरफ्तार भी हुए थे।

सरहद के उस पार

बी.ए. रेलवे की 'कटिहार-जोगबनी' ब्रांच लाइन का अन्तिम स्टेशन–जोगबनी। गाड़ी के इंजन को जहाँ से फिर कटिहार की ओर मोड़ा जाता है, उससे दस गज के फासले पर सरहद रेखा, उसके बाद ही 'नेपाल राज्य' का विराटनगर, विराटनगर–'मिलों का नगर'–कई मीलों तक फैला हुआ। विशाल मशीनों के विभिन्न पुर्जों की अलग-अलग आवाजें–धड़-धड़, फट-फट, घर्र-घर्र, सू-सू, चर्र-चू-फस...वगैरह, सामूहिक आवाज–हः हः, हाय-हाय!

नेपाल राज्य! स्वतन्त्र राज्य! हिमालय की सुनहरी चोटियाँ! आजाद मिट्टी, मुक्त हवा–कितना मोहक! कितना सुन्दर!–आखिर आप मचल पड़े उस पार जाने को।

"ठहरिए।"–तलाशी दीजिए। जी हाँ, वह गन्दा सुखाल (नेपाली पाजामा) और गन्दी टोपी पहना हुआ व्यक्ति स्वतन्त्र राज्य का कर्मचारी है। आपके पास से कोई आपत्तिजनक चीज नहीं निकलती? बीड़ी भी नहीं? तो चलिए जल्दी, वरना 'ट्रक' में जगह नहीं मिलेगी। क्या कहा? आप इस म्यूनिसिपलेटी के कूड़ा ढोनेवाले 'ट्रक' पर नहीं चढ़िएगा? लेकिन, दूसरा चारा ही क्या है? और इस पर भी जगह मिल जाय तो सौभाग्य ही समझिए। आखिर वही हुआ, जो मैंने कहा था, जगह नहीं मिली! देखूँ, यदि ड्राइवर की बगल में बैठने को मिल जाए, पैसे कुछ ज्यादे देने पड़ेंगे। नहीं, वहाँ तो लेफटेंट साहब बैठे हैं। देखिए, आपका यह सफेद कुर्ता और पाजामा बहुतों की निगाह में खटक रहा है। कहीं पूछे जाने पर छाती फुलाकर यह मत कह डालिएगा कि "मैं सोशलिस्ट हूँ और विराटनगर में मजदूर यूनियन कायम करने आया हूँ। अथवा मजदूरों की हालत का अध्ययन करने आया हूँ।" फिर तो साहब, आपकी सारी किताबें जब्त हो जाएँगी, और आपको रोककर न जाने कितने बखेड़े खड़े किए जाएँगे। बदकिस्मती से कहीं आपके बैग से 'जनता' की एक कॉपी निकली या आप 'बेनीपुरीजी' निकले, तब तो बड़ी मुश्किल है। मामला बहुत महँगा पड़ जाएगा। क्योंकि 'जनता' और 'बेनीपुरीजी' को यहाँ के बड़े हाकिमों से लेकर छोटे सुबा तक जानते हैं। जिस राज्य में 'घूस' को 'राजधर्म'

मान लिया गया हो, वहाँ यदि इस आशय के अफवाह फैल चुके हों कि नेपाल सरकार ने बेनीपुरीजी को घूस में बहुत बड़ी रकम आफर की थी, किन्तु उसे अस्वीकार कर, वे 'जनता' में नेपाल की चिट्ठियाँ प्रकाशित करते रहे—तो 'बेनीपुरी' वहाँ के हाकिमों के लिए वास्तव में दूसरी दुनिया के जीव होंगे ही।

अब देखते क्या हैं, चलिए पैदल। अब शुरू हुआ यह मिलों का नगर, 'चमड़िया-सिंहानियाँ-लायलकाओं' का षड्यन्त्र क्षेत्र। आपके मुल्क के महान् क्रान्तिकारियों और आजादी के परवानों-सोशलिस्टों ने 1942 की क्रान्ति में इस नेपाल राज्य में अपना अड्डा कायम किया था, किन्तु उपरोक्त 'कैपिटलिस्टों' की निगाह बहुत दिनों से इस पवित्र मिट्टी की ओर लगी हुई है तथा वे धीरे-धीरे अपने षड्यन्त्र में सफल भी हो रहे हैं। हाँ, षड्यन्त्र! यहाँ के मुट्ठी-भर राजघरानों और शासक वर्गों की कदमबोसी तथा पाकेट-पूजा करके करोड़ों अशिक्षित, भूखी, दरिद्र और अबोध जनता को लूटने का षड्यन्त्र! न इनकम टैक्स का बखेड़ा, न ट्रेड यूनियन कानूनों की पाबन्दी और सबसे बड़ी खुशी की बात कि मजदूर यूनियनों के भूतों का यहाँ जरा भी डर नहीं। उस संगीनधारी गुर्खे को देख रहे हैं न! उसे सिर्फ गोली चलाना ही सिखाया गया है। आपकी 'शिवनाथ-बसावन-हरिहर एण्ड कम्पनी' की दाल वहाँ नहीं गलने की। आपको मेरी बात लग गई, लेकिन मैं कहता हूँ कि इन मिलों में पन्द्रह-बीस हजार मजदूरों की पिसाई होती है, मगर कभी आह भी नहीं करने दिया जाता है। माँगों और हड़तालों की चर्चा तो स्वप्न में भी नहीं की जाती। और मजदूरों की जिन्दगी का पता तो अभी तुरन्त लग जाएगा। देखिए, दाहिनी ओर वह मजदूर कालोनी है या 'सूअर के खुहारों' का समूह! उनके बच्चों और औरतों की दशा देखिए, कितनी दर्दनाक सूरत है। अस्पतालों और स्कूलों की जरूरत जब यहाँ की सरकार ही अपनी प्रजा के लिए नहीं महसूस करती है, तो इन 'राक्षसों' से क्या आशा की जाए? हाँ, मजदूरों के स्वास्थ्य और दिलबहलाव को मद्देनजर रखकर सुरा-सुन्दरी का विशेष प्रबन्ध यहाँ अवश्य है। औसतन दस क्वार्टरों पर एक 'भट्ठी' और पाँच क्वार्टरों पर एक वेश्यालय। महुआ, धान, जौ, सौंफ, नारंगी, नासपाती और केले की शराब; और वेश्याएँ? देशी, पहाड़िन, बंगालिन, आसामी, सिंगापुरी, बर्मीज, सस्ती-महँगी सब तरह की। फिर त्योहारों तथा महाराजा के जन्मदिवस पर जुए का आम हुक्म। जुए की छुट्टियाँ? कितनी बड़ी सहूलियत। कितनी अच्छी जिन्दगी! बोलिए—प्रभुवर राणा के वंशजों के साथ-साथ चमड़िया-सिंहानियाँ-लायलकाओं की जय!!

जूट मिल्स एरिया खत्म। यह कॉटन मिल्स है। जरा उन बँगलों की ओर देखिए। स्वर्ग में देवताओं को भी ऐसे सुन्दर बँगले शायद नसीब न हों। यह उन्हीं साँपों

की (चमड़िया, सिंहानियाँ, लायलकाओं की) बाँबियाँ हैं, जिसमें वे आराम से लेटे-लेटे नेपाल सरकार द्वारा 'दूध-लावा' पाकर, जहरीले साँपों की आबादी बढ़ा रहे हैं। मैच फैक्टरी, हाइड्रो-इलैक्ट्रिक, सूगर मिल्स, पेपर मिल्स और सीमेंट मिल्स धड़ाधड़ खुल रही हैं। इसके साथ ही अबोध नेपाली जनता की गाढ़ी कमाई की रकम विदेशी बैंकों के खातों में भरी जा रही है। दिन-प्रतिदिन नेपाली प्रजा की जिन्दगी बदतर होती जा रही है। इस पर तुर्रा यह कि अभी और भी कितने विषधर अपने-अपने दाँतों को तेज कर रहे हैं, नेपाल की सड़कों पर चक्कर काट रहे हैं। 'प्रभो! मुझे सिर्फ हड्डी पीसनेवाली मिल ही खोलने की आज्ञा दी जाए। अमेरिकन मशीन, नए ढंग की पिसाई...'

उफ...! बहुत जल्द ही इन पूँजीपतियों के घर में नेपाल राज्य बन्धक पड़ जाएगा। बस, आप निराश हो गए? मैं कहता हूँ, सुनिए—बहुत शीघ्र ही यहाँ जबर्दस्त क्रान्ति होगी और सफल क्रान्ति होगी। निरंकुश नेपाली शासकों के साथ-साथ इन पूँजीपतियों के गठबन्धन ने कोढ़ में खाज का काम किया है। नेपाल के चैतन्य समाज की आँखें खुल चुकी हैं।

हाँ, मेरे उपरोक्त कथन के पीछे नेपाल की परिस्थितियों का गहरा अध्ययन छिपा हुआ है। मुझे नेपाल के जंगलों में ही राजनीति और साहित्य की शिक्षा मिली है। नेपाल की एक काठ की कोठरी में ही मैंने समाजवाद की प्रारम्भिक पुस्तकों से लेकर, महान् ग्रन्थ 'कैपिटल' तक को पढ़कर, समझने की धृष्टता की है। पहाड़ की कन्दराओं में बैठकर, बँसहा कागज की बही पर 'रशियन रेवोल्यूशन' को नेपाली भाषा में अनुवाद करते हुए उस नेपाली पागल नौजवान की चमकती हुई आँखों को मैंने अपनी जिन्दगी में नशाल के रूप में ग्रहण किया है और उस देवता की अमूल्य वाणी को, उसके आशीर्वचन को मैं कैसे भूल सकता हूँ, जो नेपाल के 'पिताजी' थे। हाँ, नेपाल के 'बापू'। 1942 में दो 'बापू' नजरबन्द किए गए। एक को अंग्रेजी सरकार ने आगा खाँ के राजभवन में बन्द कर रखा था, और दूसरे को नेपाल सरकार ने बागमती के किनारे एक धर्मशाला में। दुनिया की परिस्थिति ने एक 'बापू' को छुड़ा लिया, पर नेपाल सरकार ने दूसरे 'बापू' की 'हत्या' कर डाली। गठिया और निमोनिया से जर्जर, उस वृद्ध तपस्वी को बिना दवा और पथ्य के, नेपाल की कड़ाके की सर्दी में तड़पा-तड़पाकर ठिठुरा-ठिठुराकर मार डाला गया। नेपाल में प्रजातन्त्र राज्य कायम करने का सपना देखनेवाले कर्मठ 'बापू' आज नहीं रहे, किन्तु शिक्षित और चैतन्य सान्दाज्युओं (छोटे भाइयों) का युवकदल अब निष्क्रिय होकर बैठा हुआ नहीं है। उनमें शत-प्रतिशत को आप समाजवाद का हिमायती पाइएगा। हिन्दुस्तान में—नेपाली

कांग्रेस का जन्म और प्रसिद्ध सोशलिस्ट श्री विश्वेश्वर प्रसाद कोइराला की रहनुमाई से आप मेरे कथन की सत्यता को जाँच सकते हैं। हिन्दुस्तान से गोरी फौज की विदाई के बाद बहादुर गुर्खों ने अब गलती से भी कभी एक राउण्ड गोली हिन्दुस्तानी नागरिकों पर चला दी, तो नेपाल की एक-तिहाई आबादी आत्म-ग्लानि से सर झुका लेगी। हमारी अगली क्रान्ति में नेपाल एक जबर्दस्त हिस्सा लेगा, खुलकर खेलेगा, किन्तु देश के नेताओं की निगाह पर तो जैसे पट्टियाँ बँधी हैं, मुँह पर ताले पड़े हैं। उन्हें दुनिया-भर के लिए दर्द है पर नेपाल की शोषित जनता के लिए उनके मुँह से एक शब्द भी नहीं निकलता। अब नेपाल की साहित्यिक प्रगति की कहानी सुनिए। नेपाली साहित्य का नाम सुनते ही आप हँस पड़े। आप विश्वास कीजिए, महान् प्रगतिशील कलाकारों की संख्या क्रमशः बढ़ ही रही है। प्रगतिशील लेखकों का मोर्चा वहाँ बहुत पहले ही कायम हो चुका है। 'सिपाही', 'केकयी', 'परालो को आग', आदि रचनाओं को लेकर नेपाल की साहित्यिक मण्डली, दुनिया की किसी भी साहित्यिक प्रतियोगिता में सम्मान प्राप्त कर सकती है। सिर्फ एक 'सुन्दरी बल' झील पर अब तक करीब पाँच सौ मौलिक रचनाएँ रची जा चुकी हैं। उनमें से किसी एक को भी सेकेंड ग्रेड में रख देने की हिम्मत आप नहीं कर सकेंगे। प्रकृति-सुषमा सम्बन्धी कविताओं के अलावा—'सानी माँ, यों ढिठों के सित खाने हो?' (अर्थात् मौसीजी, यह मक्के की खिचड़ी किस चीज के साथ खाऊँ? घर में नमक भी नहीं है?)—जैसी हृदय को विगलित कर देनेवाली 'रियलिस्टिक' रचनाओं की भी वहाँ कमी नहीं। काश! प्रजा की अपनी पत्र-पत्रिकाएँ होतीं!...

यह राजपथ है। इसकी धूल से आप परीशान हैं। बरसात में तो इन सड़कों पर घुटनों तक कीचड़ होते हैं। कम-से-कम प्रत्येक पाँच साल के बाद भी, गरीब जनता के पैसों का पंचमांश ही इन सड़कों पर खर्च किए जाते तो, चाँदी की चमचमाती हुई सड़क के किनारे सोने के माइलस्टोन गड़े होते। किन्तु यहाँ के ठेकेदारों और शासक-वर्ग के गड़बड़घोटालों को आप नहीं समझ सकेंगे। धूल फाँकते चलिए! राह का एक साथी भी मिल गया। यही है बहादुर गोर्खा! रूस के 'कज्जाकों' का चचेरा भाई! इनकी लाल सेना, दुनिया की किसी भी रंग की सेना के छक्के छुड़ा सकती है। इस कौम को यहाँ की सरकार ने सदियों से मूर्ख और अपढ़ बनाकर, अंग्रेजी सरकार की सेवा के लिए रिजर्व रखा है। इन सड़कों की तरह ही इनकी भी जीवन-कहानी है। लीजिए! वह आपको देखकर मुस्कुरा पड़ा। कितनी सरल मुस्कान है; वह आपसे 'असल सिगरेट' (बढ़िया, यानी कैप्सटन-नेविकट) माँग रहा है, बदले में वह गीत सुना देगा—

'धन धन अँगरेजी सरकार
आकाश मा जहाज उड़ाये को;
पानी मा जहाज चलाये को...'[1]

कुछ समझा आपने? इन गीतों की रचना सरकारी प्रचार विभागों में होती है।

'खुखरी भिड़ेर काछा, जानू पर्छ
जर्मन को धावे मा'।

हाँ, जर्मन की लड़ाई में जाना पड़ेगा, जर्मनों पर धावा बोलना होगा। अब तक, सभी लड़ाइयों में, इस कौम ने बिना समझे-बूझे भाग लिया है, अब आप इन्हें अपनी लड़ाई का मकसद समझा दें।

आशय स्पष्ट कीजिए :

1. इन मिलों में पन्द्रह-बीस हजार मजदूरों की पिसाई होती है, मगर कभी आह भी नहीं करने दिया जाता।
2. नेपाल के चैतन्य समाज की आँखें खुल चुकी हैं।
3. दुनिया की परिस्थिति ने एक बापू को छुड़ा लिया, पर नेपाल सरकार ने दूसरे बापू की हत्या कर डाली।
4. देश के नेताओं की निगाह पर तो जैसे पट्टियाँ बँधी हैं, मुँह पर ताले पड़े हैं।
5. यह राजपथ है। इसकी धूल से आप परीशान हैं।

लघूत्तरीय प्रश्न :

1. 'कैपिटल' का लेखक कौन है? यह ग्रन्थ किस विचारधारा का पोषक है?
2. नेपाल का बापू किसे कहा जाता है?
3. नेपाल की दुर्दशा का कारण लेखक ने किस वर्ग को माना है?
4. 'सोशलिस्ट' और 'कैपिटलिस्ट' का अन्तर स्पष्ट कीजिए।

विवेचनात्मक प्रश्न :

1. विराटनगर को लेखक ने किन लोगों का षड्यन्त्र क्षेत्र कहा है? और क्यों?
2. नेपाल की साहित्यिक प्रगति और उसके प्रभाव का वर्णन अपने शब्दों में कीजिए।

---

1. अंग्रेजी सरकार धन्य है, जो आकाश में जहाज उड़ाती है और पानी में जहाज चलाती है।

विपिन कुमार अग्रवाल
(1931-1989)

कला के विविध रूपों की अभिव्यंजना का दर्शन किसी हिंदी साहित्यकार में दिखता है तो वे विपिन कुमार अग्रवाल हैं। विपिन का जीवन बहुआयामी होकर भी विशुद्ध स्वान्तः सुखाय ही रहा। एक उच्च कोटि के वैज्ञानिक होकर भी चित्रकला में न केवल उनकी रुचि थी अपितु आधुनिक चित्रकला के कई कलाकारों ने उनकी कला का अनुकरण किया। विपिन के भीतर जो शब्द थे पहले-पहल रेखाओं, तैलचित्रों व जलचित्रों के रूप में मूर्त हुए। उनका साहित्य सफर बहुत बाद में चलकर प्रारम्भ हुआ उससे पूर्व उनकी पहचान एक वैज्ञानिक व चित्रकार के रूप में ही थी। भ्रमण का उन्हें शौक था। योरोप की भी यात्राएँ कीं। वहाँ की किसी भी आर्ट गैलरी को विपिन ने शायद छोड़ा हो। अपने वैज्ञानिक जीवन की व्यस्ततम गतिविधियों में से वे अपनी तूलिका चलाने का समय निकाल ही लेते थे।

सृजनात्मकता की प्रवृत्ति उन्हें अपने पालन-प्रदेश नैनीताल से मिली जहाँ नाना के घर ही उनका बचपन बीता। स्वच्छन्द, रोमानी-कल्पनाशील विपिन के भीतर कुछ नया करने का व्यसन था। उनका जन्म फतेहपुर (उत्तर प्रदेश) में 2 अप्रैल 1931 को हुआ। साहित्यिक गतिविधियों के गढ़ इलाहाबाद में उनकी शिक्षा हुई। 1952 में इलाहाबाद विश्वविद्यालय से भौतिकशास्त्र में स्नातकोत्तर उपाधि ग्रहण कर आजीवन अध्यापन करते हुए भौतिक शास्त्र के विभाग के विभागाध्यक्ष पद तक पहुँचे। 1954 से 1989 तक भौतिकी विषय पर उनकी छः पुस्तकें प्रकाशित हो चुकी थीं।

1970 के बाद उनकी कला-यात्रा चित्रों की वीथिकाओं को छोड़ साहित्य की ओर मुड़ गई। विपिन कुमार मनमौजी आदमी थे। चित्रकला को वे अपना व्यवसाय बना सकते थे। किन्तु बाजारूपन उनको छू न गया था। उनकी इसी गहन अन्तर्मुखी प्रवृत्ति ने उन्हें साहित्य की ओर मोड़ दिया। संवेग, संवेदन की कमी उनमें नहीं थी। नित नवीन मौलिकता के प्रति उनका बेहद रुझान था। वे संसारी नहीं थे। वैज्ञानिक दृष्टिकोण और कलात्मक भावनाओं का अद्भुत सामंजस्य उनमें था।

उनकी पहली रचना 1956 में (धुएँ की लकीर) आ चुकी थी लेकिन अनवरतता 1970 के बाद ही बनी। उसके बाद उन्होंने सभी मुख्य विधाओं में लिखा। उनकी सहभागिता को हिंदी साहित्य में पूरा स्थान मिला। नंगे पैर (1970), इस धरती पर (1981), आदिहीन अनन्त यात्रा, आकारहीन संसार (1990), ढूँढा और पाया (1991) काव्य संग्रह; बीती आपबीती आप (1978) उपन्यास; आधुनिकता के पहलू (1972), सृजन के परिवेश (1985) निबन्ध संग्रह तथा तीन अपाहिज (1969), खोए हुए आदमी की खोज (1980), लोटन (1974), नाटक संग्रह प्रकाशित हुए। साहित्यिक पत्रिका 'क ख ग' का भी उन्होंने पाँच वर्षों तक सम्पादन किया। 8 जुलाई 1989 को अमेरिका में उनका देहान्त हुआ। 1990 (मृत्योपरांत) उन्हें 'भुवनेश्वर पुरस्कार' का सम्मान दिया गया। उनके निबन्धों का एक नया 'संग्रह काव्य नाटक तथा अन्य कलाएँ' 1995 में प्रकाशित हुआ।

विपिन का प्रारम्भिक रुझान प्रकृति-सौन्दर्य की तरफ था किन्तु बाद में मानव उनके सृजन की धुरी बन गया। मानव का यह रूप उनकी चित्रकला में जहाँ पोट्रेट (व्यक्ति चित्रण) ने लिया वहीं साहित्य में वह अपनी पहचान खोजते आदमी के रूप में अभिव्यक्त हुआ तथा व्यक्ति हित को वे विज्ञान के ज्ञान से साधने का समानान्तर प्रयास करते रहे।

तीन अपाहिज : प्रतिपाद्य

विपिन कुमार अग्रवाल का यह एकांकी साधारण ढंग से तीन अपाहिजों के माध्यम से उस समाज का खाका खींचता है जो कि अपने आत्मविश्वास, गौरव, प्रतिष्ठा और उस स्वर्णिम इतिहास को भूल चुका है जिसमें कर्म की प्रधानता और प्रकृति थी। जीवटता के साथ-साथ अदम्य सक्रियता थी किन्तु वह जाति जिसकी जीवन पद्धति में उद्दाम लालसाएँ एवं चहुँ दिशाओं को विजय करने की निःस्वार्थ कामना थी उसकी संतति किस प्रकार अपाहिज हो गई है। यह विकलांगता मानसिक और हार्दिक है। जिसमें केवल बच गई है मरी हुई चेष्टा और नपुंसक विमर्श।

'तीन अपाहिज' का कथ्य विसंगत नाटकों की श्रेणी का है जिसमें कथा का विकास क्रम दिखाई नहीं पड़ता अपितु मन में चल रहे स्फूर्त, सूक्ष्म, चेतन, अवचेतन ढंग के संवाद ही पात्र की मनःस्थिति के माध्यम से किसी समस्या अथवा घटना का प्रतीकात्मक ढंग से भान कराते हैं। इस एकांकी को पढ़ने पर अरोचकताजन्य खीझ उठती है वह वस्तुतः अपाहिजपन से साक्षात्कार का वाचनिक प्रयोग है। किसी भी कथानक की अनुपस्थिति दर्शक को बाँध नहीं पाती। तीनों अपाहिज़ों की अतार्किक, छिछली वार्ता किसी विशेष समस्या के प्रति दर्शक को आकर्षित करती है—ये कुछेक सीमाएँ इस एकांकी की हैं जिससे सामान्य दर्शक

उसके भीतर की अर्थगर्भिता को समझ पाने में अक्षम रहता है। नेताओं के कोरे भाषण, आजादी का बेमतलब प्रारूप और भूख ने वस्तुतः किस प्रकार आम आदमी को अपाहिज बनाकर रख दिया यही इस एकांकी का केन्द्रीय विचार है। खल्लू का यह कथन "तो आजाद अभी बच्चा है। हम बच्चा कैसे बन सकते हैं? ...देश बच्चा कैसे बन सकता है।" तथा कल्लू का अपनी किस्मत को कोसना आजादी के बाद की बदहाली के बीच जन्मी जनता की कुंठा, निराशा को अभिव्यक्त करता है।

प्रस्तुत एकांकी की रंगमंचीयता वस्तुतः इसकी अभिव्यंजना का मुख्य आधार है। संवादों में मितव्ययिता बरती गई है। अपाहिजपन को मंचीय उपादानों से व्यक्त करने का सफल प्रयास यह एकांकी है।

तीन अपाहिज

पात्र

कल्लू
खल्लू
गल्लू
साइकिल वाला
डुग्गी वाला

पहला दृश्य

(आधे से ऊपर दिन बीत चुका है। तीन अपाहिज-से कल्लू, खल्लू और गल्लू एक तेल के लैम्प के खम्भे के नीचे, तीन तरह से बैठे हुए हैं।)

कल्लू : **(उठने का उपक्रम करते हुए)** चलो।

खल्लू : चलो क्या?

कल्लू : **(झींककर उठना बन्द करता है।)** उठकर।

खल्लू : ओ, उठकर। **(और आराम से बैठ जाता है।)**

गल्लू : **(लेटते हुए)** कहाँ?

(खल्लू, कल्लू की ओर प्रश्नात्मक मुद्रा में आशा की नजरों से देखता है।)

कल्लू : कहीं भी।

खल्लू : **(सिर खुजलाकर)** कहीं भी, मैंने सुना है इस जगह का नाम। **(जैसे स्वगत-भाषण करता हो।)**

गल्लू : **(करवट लेकर और कोहनी से मुड़े हाथ पर सिर टिकाकर)** दूर होगी।

कल्लू : कहीं भी, मतलब क-हीं-भी।

गल्लू : **(कुछ प्रसन्न होकर)** यानी, यहाँ आसपास भी?

कल्लू : हो सकता है। मैंने अभी सोचा नहीं है।

खल्लू : बिना सोचे कभी नहीं बोलना चाहिए। **(बोलकर मुँह बन्द कर लेता है।)**

गल्लू : हाँ, तो? **(गल्लू उठकर बैठ जाता है। दोनों कल्लू को नाराजगी से देखते हैं।)**

कल्लू : **(जैसे समय चाहता हो)** तो...तो...क्या?

(प्रश्न की गम्भीरता को महसूस कर गल्लू और खल्लू एक-दूसरे को देखते हैं।)

खल्लू : **(सहसा मुस्कुरा कर, मानो उत्तर पा लिया हो)** शायद फिर बैठना पड़ता।

गल्लू : **(चिढ़कर)** कौन जाने, पहले से कैसे कहा जा सकता है?

कल्लू : मैं तो भविष्यवाणी मानता हूँ।

गल्लू : मैं नहीं मानता।

खल्लू : **(पैर पर हाथ पटककर जैसे मक्खी मार रहा हो)** पहले से कैसे कह सकते हो—नहीं मानता।

(गल्लू अपने को फँसा मानकर चुप हो जाता है। कल्लू कुछ देर बाद खल्लू की सफलता समझकर हँसता है।)

कल्लू : वाह खल्लू, हाथ मिलाओ। **(उसके हाथ अपनी जगह पड़े रहते हैं।)**

खल्लू : किससे? **(वह सिर हिलाकर एक के बाद एक दोनों को देखता है मानो निश्चय न कर पा रहा हो कि दुखी गल्लू से हाथ मिलाए या कल्लू से।)** क्या गल्लू बुरा मान गया? **(दोनों के बीच में देखकर।)**

गल्लू : नहीं।

कल्लू : **(स्थिति अपनाकर)** तो मिलाओ हाथ।

(गल्लू हाथ बढ़ाता है।)

खल्लू : **(कुछ अधिक जोश से हाथ मिलाते हुए)** मैं भी आकाशवाणी में विश्वास नहीं करता हूँ। **(शान से बैठ जाता है।)**

कल्लू : आकाशवाणी नहीं, भविष्यवाणी। **(खल्लू का चेहरा लटक जाता**

है।)

गल्लू : नकल बुरी चीज है।

खल्लू : तो कल्लू ऐसी भाषा क्यों बोलता है?

गल्लू : उसकी मर्जी। अब हम आजाद हैं।

खल्लू : खाक।

कल्लू : **(अपने ऊपर आक्रमण मानकर)** क्या कहा?

खल्लू : खाक।

कल्लू : खाक...खा...क... **(सिर हिलाता है मानो सम्बन्ध समझ न पा रहा हो।)**

खल्लू : अब बोलो बच्चू।

गल्लू : हम लोग जब मिलकर बैठते हैं तो लड़ते क्यों हैं?

खल्लू : क्योंकि हम लोग आजाद हैं, हि, हि... **(अपने किये मजाक पर खुद ही खुश होता है, पर औरों को गम्भीर देखकर सहसा हँसी रोक लेता है।)**

कल्लू : **(होठों पर उँगली रखकर)** चुप।

(सब शान्त हो जाते हैं। कान लगाकर सुनने की कोशिश करते हैं। कल्लू उठकर मंच के अगले भाग में एक ओर जाकर झुककर सुनता है। खल्लू जमीन से कान लगाकर सुनता है और साथ-साथ कल्लू की ओर देखता भी है। वहीं से कहता है) इधर से नहीं उधर से। **(कल्लू मंच के दूसरी ओर जाकर सुनता है। हलकी-हलकी डुग्गी पिटने की आवाज आती है, जो धीरे-धीरे तेज होती है)** कल्लू : इधर ही आ रहा है। **(कहकर अपनी जगह जा बैठता है। खल्लू भी सीधा बैठ जाता है। गल्लू खाँसता है और अपनी बनियाइन पर से एक तिनका झाड़ता है। कल्लू बालों पर हाथ फेरता है। तीनों जैसे आनेवाली घटना की तैयारी कर रहे हों। एक डुग्गी पीटनेवाला आवाज लगाता है)** आज शाम को, मुहम्मद अली पार्क में...डागडर सुखबीर सिंह भाषण देंगे ऽऽऽ (डुग्गी) देंगे ऽऽऽ... **(कहता हुआ मंच पर आता है और डुग्गी बजाता हुआ पार जाता है। बीच में इन तीनों को बैठा देख सहसा डुग्गी बजाना बन्द कर देता है। एक पल के लिए उनकी ओर वह देखता है कि फिर कूल्हे एक ओर निकालकर आराम से खड़ा हो जाता है और जेब से एक बीड़ी निकालता है। बीड़ी देखकर तीनों उसकी ओर झुक**

जाते हैं।) वह पूछता है : माचिस है? **(प्रश्न सुनकर तीनों फिर सीधे बैठ जाते हैं। वह कन्धे उचकाकर बीड़ी जेब में वापस डालता है। पहली बार हाथ जेब में नहीं जाता, वह झुककर बीड़ी सँभालता है। खल्लू एकदम से लपककर जमीन पर झुककर बीड़ी ढूँढ़ने लगता है। डुग्गी वाला बीड़ी जेब में रखकर चिल्लाता हुआ चला जाता है।)**

गल्लू : लालची।

कल्लू : बेसब्री की हद है, वह होशियार हो गया।

खल्लू : **(बोलने की कोशिश करता है बड़ी मुश्किल से कह पाता है)** वह खाली कुर्ता पहने था।

गल्लू, कल्लू : क्या-या-या-या ऽऽऽ?

खल्लू : हाँ।

गल्लू : **(सँभलकर)** झूठ। खल्लू अपनी बात से हटाना चाहता है।

खल्लू : हाथ कंगन को पारसी क्या।

कल्लू : पारसी नहीं आरसी।

खल्लू : अरे वही।

गल्लू : अरे वही क्या। बोलना नहीं आता तो चुप रहा कर। विद्वान बनता है।

कल्लू : **(पैर फैलाकर)** छोड़ो भी, भाषण सुनने चलोगे?

खल्लू : क्या?

कल्लू : भाषण। कोई बोलेंगे।

गल्लू : कहाँ।

कल्लू : पार्क में।

खल्लू : **(जैसे बातचीत में छूटना न चाहता हो)** लाइन पर।

कल्लू : हाँ, वहीं।

गल्लू : तो जाने की क्या जरूरत है, यहीं से सुन लेंगे।

कल्लू : यहीं से।

गल्लू : हाँ, यहीं से। गुलब्बो जब रशीदन को डाँटती है तो यहाँ साफ सुनाई पड़ता है।

खल्लू : यह भाषण है, डाँट नहीं है।

गल्लू : सुनने में सब एक-से होते हैं। फरक मानो तो है, न मानो तो नहीं।

(खल्लू सहारे के लिए कल्लू की ओर देखता है, पर वह चुप बैठा है। हारकर सब शान्त बैठ जाते हैं। जिधर डुग्गी वाला गया था, उधर से एक युवक, अस्त-व्यस्त, हाथ में पुरानी

साइकिल लिए हुए जिसके पिछले पहिये में बिलकुल हवा नहीं है, आता है। इन लोगों को देखकर रुक जाता है।)

युवक : यहाँ कहीं पंक्चर की दूकान है?

खल्लू : **(गल्लू से)** परचूनी की दूकान।

गल्लू : काहे की दूकान?

कल्लू : पंक्चर की।

खल्लू : पंक्चर...।

गल्लू : पंक्चर...।

कल्लू : हाँ, पंक्चर।

(तीनों चुप हो जाते हैं। युवक निराश होकर आगे बढ़ जाता है। हलकी-हलकी भाषण देने की आवाज आती है। जिधर युवक गया, उधर से।)

खल्लू : भाषण हो रहा है। भाषण... **(मन-ही-मन मुसकुराता है)** भाषण ...**(मानो इस शब्द का उच्चारण करना उसे अच्छा लग रहा हो।)**

कल्लू : चुप रहो।

(भाषण की ध्वनि तेज हो जाती है, "...अब हम आजाद हो गए हैं, गुलामी की जंजीरें हमने तोड़ डाली हैं...")

खल्लू : कल्लू।

कल्लू : हाँ।

खल्लू : हम कब आजाद हुए?

कल्लू : यही टिल्लू की उम्र समझ लो।

खल्लू : कोई दस साल का होगा, कुछ ऊपर।

कल्लू : और क्या।

खल्लू : तो आजाद अभी बच्चा है। हम बच्चा कैसे बन सकते हैं?

गल्लू : आजाद बच्चा नहीं, देश है।

खल्लू : देश बच्चा कैसे बन सकता है।

कल्लू : अपनी किस्मत से।

(सब इसको मान लेते हैं। फिर भाषण सुनने लगते हैं। "...अब हमें काम करना चाहिए। खाली हाथों नहीं बैठना चाहिए। हमारे प्रधानमन्त्री का कहना है...आराम हराम है।...")

खल्लू : आराम हराम है, यह कौन है कल्लू?

कल्लू : तुम।

खल्लू : मैं। **(आश्चर्य से, महत्त्व पा प्रसन्न भी।)**

गल्लू : **(चिढ़कर)** हाँ तुम, कद्दू नहीं तो।

खल्लू : मैं कद्दू।

गल्लू : हाँ, तुम कद्दू।

खल्लू : **(क्रोध में जैसे बोल नहीं पा रहा है)** यह गाली है। कल्लू देखो।

कल्लू : हाँ गल्लू, यह गाली है, इसके घरवालों पर भी पड़ती है।

गल्लू : **(टालने के लिए)** कैसे?

खल्लू : बनता है। अगर मैं कद्दू हूँ तो मेरी माँ कौन हुई?

गल्लू : **(कुछ सोचकर)** धरती।

खल्लू : तो तेरी माँ धरती है।

गल्लू : धरती-माँ तो होती है।

(दोनों सफाई के लिए कल्लू की ओर देखते हैं।)

कल्लू : हाँ धरती माता तो होती है।

गल्लू : फिर, कद्दू गाली नहीं हुई।

कल्लू : नहीं हुई।

खल्लू : तो गल्लू भी कद्दू है।

कल्लू : हाँ।

खल्लू : तुम भी कद्दू हो।

कल्लू : **(इसके लिए तैयार न था, पर और कोई चारा न देखकर)** हाँ, हम सभी कद्दू हैं।

गल्लू : कद्दू एकता की भावना को जगाता है।

कल्लू : पर कद्दू गाली नहीं है।

गल्लू : जब एकता को जगाती है तो है।

खल्लू : क्या जगाती है?

गल्लू : एकता। **(खल्लू न समझने का सिर हिलाता है।)**

कल्लू : **(जरा खाँसकर)** यानी हम सब एक हैं।

खल्लू : **(उँगली उठाकर बैठे लोगों को गिनने लगता है)** एक, दो...

कल्लू : खल्लू। **(खल्लू का गिनना बीच ही में रुक जाता है)** गिनती में एक नहीं, भावना में।

खल्लू : भावना में? कल्लू, तुम फिर...।

गल्लू : इसमें क्या मुश्किल है। समझते कुछ हो नहीं। जाकी रही भावना जैसी...। अपनी राष्ट्रभाषा का शब्द है।

खल्लू : किसका?

गल्लू : अपनी देश की भाषा का। **(हाथ हिलाकर खल्लू से तंग न करने का इशारा करता है। गम्भीर होकर कल्लू से)** अच्छा कल्लू। वह आदमी साइकिल हाथ में लिये हुए क्यों जा रहा था?

कल्लू : कौन जा रहा था?

गल्लू : अरे! वही जो अभी इधर से गया था।

कल्लू : उसे गए तो जमाना गुजर गया। याद पड़ता है, शायद उसका पहिया टूटा था।

गल्लू : पहिया टूटा था, क्या वह अभिमन्यु था, बड़ा तेज था उसके चेहरे पर।

खल्लू : क्या नाम लिया तुमने?

गल्लू : अभिमन्यु।

खल्लू : तुम जानते हो उसे, बड़ा अजीब नाम है।

गल्लू : अभिमन्यु महाभारत में था, लड़ाई में, उसका पहिया टूटा था।

खल्लू : अच्छा, लड़ाई में क्या पहिया टूट जाता है? **(कल्लू की ओर देखता है।)**

कल्लू : हाँ, और लड़ाई का टूटा पहिया फिर कभी नहीं जुड़ता।

खल्लू : वह एकता नहीं जगाता, हि हि हि....।

(कल्लू नाराज होकर उसकी ओर देखता है। खल्लू सहसा चुप हो जाता है।)

गल्लू : शाम हो गई।

(तीनों आँखों पर हाथ की छाया कर दूर-दूर एक ओर देखते हैं, मानो उधर शाम हो।)

कल्लू, खल्लू : हाँ, शाम हो गई।

गल्लू : **(उठकर मंच के सामने वाले भाग में एक ओर जाता है। झुककर जमीन से चुटकी भर धूल उठाकर उड़ाता है।)** हवा चल रही है।

खल्लू : **(उठकर गल्लू के पास जाता है। उसकी नकल करता हुआ धूल उठाकर उड़ाता है।)** हवा चल रही है। **(दोनों लौटकर एक-दूसरे की जगह बैठ जाते हैं। कुछ अजीब-सा लगता है।)**

गल्लू : यह मेरी जगह नहीं है।

खल्लू : कैसे मालूम?

गल्लू : मैं तुम्हारे सामने बैठा था।

खल्लू : वह तो अब भी बैठे हो।

गल्लू : यह मेरी जगह नहीं है।

खल्लू : तुम्हें हवा लग गई है। **(चुटकी से धूल गिराने का संकेत करता है।)**

गल्लू : तुम मेरी जगह बैठ गये हो।

खल्लू : और तुम मेरी।

गल्लू : तो उठो।

खल्लू : क्यों?

गल्लू : जगह बदलो।

खल्लू : हाँ, बदलो। **(पर उठता कोई नहीं।)**

कल्लू : मैं अगर दूसरी ओर आकर बैठ जाऊँ तो तुम लोग अपनी-अपनी जगह पर हो जाओगे। **(खल्लू, गल्लू उसकी सूझ पर उसे बड़े आदर की दृष्टि से देखने लगते हैं। कल्लू उठने की कोशिश करता है, पर जैसे शक्ति न हो, धम से बैठ जाता है। दोनों उठकर कल्लू को सहारा देते हैं। कल्लू किसी तरह उठकर खड़ा हो जाता है। दोनों उसे पकड़कर घुमाते हैं जिससे कल्लू की पीठ दर्शकों की ओर हो जाती है और स्वयं आपस में भी उनकी जगह बदल जाती है। तीनों बैठ जाते हैं।)**

कल्लू : अब देखो।

गल्लू : यह तो फिर गड़बड़ हो गया।

खल्लू : हाँ, फिर।

(दोनों मिलकर फिर कल्लू को उठाते हैं। कल्लू अब उठना नहीं चाहता। झींकता है।)

कल्लू : अच्छी मैंने अकल बताई।

(खल्लू, गल्लू नहीं मानते। उसे फिर घुमाकर बैठाल देते हैं। इस सिलसिले में खुद भी घूमकर पूर्ववत् बैठ जाते हैं।)

गल्लू : फिर गलत हो गया।

खल्लू : सही क्या था? **(दोनों कल्लू की ओर देखते हैं।)**

कल्लू : जो पहले था वह अब नहीं है। न सही, न गलत।

गल्लू : न सही, न गलत। **(दुहराता है मानो समझने का प्रयत्न कर रहा हो।)**

खल्लू : तो अब क्या है? **(दोनों कल्लू की ओर देखते हैं।)**

कल्लू : जो है।

(बात समझ में आ जाती है। खल्लू और गल्लू इस युक्ति

को स्वीकार कर लेते हैं। आराम से बैठ जाते हैं। कल्लू अपना पेट दबाकर कराहता है।)

कल्लू : मैं जा रहा हूँ।

गल्लू : कहाँ।

कल्लू : मेरा पेट दर्द कर रहा है।

(कल्लू किसी तरह उठकर जाता है। जाते-जाते वह अपनी धोती ढीली करके फिर से बाँधता है। एक थैली वहीं गिर जाती है। उसे पता नहीं चलता। वह चला जाता है। उसके जाते ही खल्लू गल्लू उस थैली की ओर लपकते हैं। थैली गल्लू के हाथ लग जाती है। वह उसे खोलता है। खल्लू अन्दर हाथ डालकर कुछ मुट्ठी में भरकर निकालता है।)

खल्लू : अरे, यह तो चने हैं।

गल्लू : चने, भुने चने।

(दोनों आकर बैठ जाते हैं। गल्लू खुली थैली खल्लू की ओर बढ़ाता है। खल्लू चनों को एक बार हसरत भरी नजरों से देखकर थैली में वापस डाल देता है।)

खल्लू : लाओ।

गल्लू : **(थैली बाँधते हुए)** क्या?

खल्लू : चने, और क्या?

गल्लू : क्या करोगे?

खल्लू : क्या करेंगे।

गल्लू : हाँ! शरीर में तनाव आ जाता है।

खल्लू : **(हारकर)** खाएँगे।

गल्लू : **(उत्तर सुनकर शिथिल हो जाता है)** तुम्हारा मतलब है दोस्त की गैरहाजरी में हम उसका माल उड़ाएँगे।

खल्लू : **(विचलित होकर)** इस तरह से सोचते हो तो शायद नहीं।

गल्लू : **(उत्तर सुनकर निराश हो जाता है पर विषय जारी रखना चाहता है।)** क्या किसी और ढंग से सोचा जा सकता है?

खल्लू : क्यों नहीं, थैली बीच में रख दो।

(गल्लू थैली बीच में रख देता है। दोनों उसे मग्न होकर देखते हैं, मानों वहाँ से विचार उठेंगे।)

खल्लू : यह चने हैं।

गल्लू : हाँ, हैं।
खल्लू : यह कल्लू के चने हैं।
गल्लू : कल्लू के हैं।
खल्लू : यह उसके पास पहले से थे।
गल्लू : हाँ, उसी से गिरे।
खल्लू : कल्लू का मन इनमें से कुछ चने पहले भी खाए बिना न माना होगा।
गल्लू : **(खल्लू किस दिशा में बात ले जा रहा है, महसूस कर खुश हो, बढ़ावा देता है।)** हाँ, हाँ, खल्लू, जरूर खाए होंगे।
खल्लू : **(गल्लू के जोश से खल्लू की एकाग्रता भंग हो जाती है।)** उसके चने थे उसने खाए। **(बात बनी नहीं। दोनों दुखी हो जाते हैं।)** मैं थक गया, अब तुम कोशिश करो। **(दोनों फिर थैली की ओर देखना आरम्भ कर देते हैं।)**
गल्लू : कल्लू ने इसमें से कुछ चने खाए होंगे।
खल्लू : हाँ।
गल्लू : और अब उसका पेट दर्द कर रहा है।
खल्लू : **(खुश होकर)** हाँ कर रहा है।
गल्लू : चने से पेट दर्द करता है।
खल्लू : **(बेबस होकर)** हाँ, दर्द करता है।
गल्लू : कल्लू अभी फिर वापस आएगा।
खल्लू : **(निराश होकर)** आएगा।
गल्लू : यदि यह चने यूँ ही रहे तो हमें उसे चने दे देने होंगे।
खल्लू : **(उदास होकर)** हाँ, शायद।
गल्लू : पर चने मिलने पर उसका मन फिर नहीं मानेगा।
खल्लू : **(आशा से)** तब?
गल्लू : वह फिर चने खाएगा।
खल्लू : तो।
गल्लू : उसका पेट फिर दर्द करेगा।
खल्लू : हाँ, फिर।
गल्लू : कल्लू हमारा दोस्त है।
खल्लू : हाँ, है।
गल्लू : हम ऐसा कोई काम नहीं कर सकते जिससे उसे तकलीफ हो।
खल्लू : कभी नहीं।
गल्लू : तो अपने दोस्त के हित में हमें यह चने खा लेने चाहिए।

(खल्लू आश्चर्य और आदर से गल्लू को देखता है। गल्लू हाथ बढ़ाकर थैली उठा लेता है। दोनों चने निकालकर खाने लगते हैं। पहले जल्दी-जल्दी फिर धीरे-धीरे।)

खल्लू : हित में क्या, तुम कुछ कर रहे थे।

गल्लू : हित में, यानी अपने दोस्त की भलाई में।

खल्लू : ओ! भई दोस्त के लिए क्या नहीं करना पड़ता।

गल्लू : नहीं तो दोस्ती से फायदा क्या।

खल्लू : कौन किसका दोस्त है। **(बातचीत जारी रखने के इरादे से।)**

गल्लू : मैं तुम्हारा, तुम कल्लू के और कल्लू मेरा।

खल्लू : हम सब दोस्त हैं।

गल्लू : **(इसमें कोई बुराई न देखकर)** हाँ, सब।

खल्लू : तब तो दोस्ती एकता बढ़ाती है।

गल्लू : बढ़ाती है।

खल्लू : दोस्ती गाली है, हि हि हि...।

(गल्लू नहीं हँसता। यह देखकर खल्लू भी चुप हो जाता है। वे चने खाते हैं। किसी के आने की आहट आती है। गल्लू थैली छुपा लेता है। दोनों मुँह चलाना बन्द कर देते हैं। डुग्गी वाला डुग्गी पीछे लटकाए बीड़ी पीता हुआ आता है। इन लोगों को देखकर रुक जाता है।)

डुग्गीवाला : बीड़ी पिओगे? **(दोनों पूर्ववत् बैठे रहते हैं। वह हँसकर बैठ जाता है। एक कश लेकर)** अरे, बुरा मान गए, कैसे दोस्त हो? **(दोनों 'दोस्त' शब्द सुनकर चिहुँक जाते हैं, पर फिर स्थिर हो जाते हैं। डुग्गी वाला कन्धे उचकाकर उठकर चला जाता है। उसके जाते ही दोनों फिर जल्दी-जल्दी मुँह चलाने लगते हैं। थैली खाली होती है। थैली गल्लू जमीन पर रख देता है। कल्लू पैर घसीटता कठिनाई से चलता हुआ जाता है।)**

कल्लू : **(बैठते हुए)** ओफ़्, बड़ी तकलीफ थी।

खल्लू : कहाँ?

कल्लू : पेट में।

गल्लू : अब ठीक है?

कल्लू : हाँ, मेरी एक थैली गिर ...**(उसकी नजर जमीन पर पड़ी थैली पर पड़ती है। उसे उठाकर देखता है)** लगता है चने सब गिर गए।

खल्लू : कहाँ? **(इधर-उधर देखते हुए।)**

कल्लू : यहीं कहीं। शायद जमीन पर।

गल्लू : जमीन पर!

कल्लू : हाँ, जमीन पर।

गल्लू : **(खुश होकर, मानो कोई बहुत अच्छा विचार आ गया हो)** तब तो यहाँ चने की फसल उग आएगी।

खल्लू : तुमने बहुत बड़ा काम किया है।

गल्लू : तुम्हारे लिए आराम हराम है।

खल्लू : आजाद देश के तुम दोस्त हो। **(गल्लू कुछ नाराज होकर खल्लू की ओर देखता है। खल्लू 'दोस्त' शब्द का प्रयोग करने की गलती को महसूस कर हाथ से मुँह दाब लेता है।)**

गल्लू : अब धरती से चने निकलेंगे। **(पुरानी बात पर वापस आते हुए।)**

खल्लू : हाँ, निकलेंगे।

गल्लू : धरती माँ है।

(तीनों हँस पड़ते हैं।)

खल्लू : तुम कद्दू!

गल्लू : तुम कद्दू!

कल्लू : तुम कद्दू!

कल्लू , हम सब कद्दू

खल्लू, गल्लू : हम सब दोस्त

(तीनों एक-दूसरे का हाथ पकड़कर घेरा बना लेते हैं।)

तीनों : हम सब एक।

(सहसा सन्ध्या ढल जाती है। रात हो जाती है।)

(परदा गिरता है।)

आशय स्पष्ट कीजिए :

1. यह भाषण है, डाँट नहीं है।
2. गुलब्बो जब रशीदन को डाँटती है तो यह साफ सुनाई पड़ता है।
3. अगर मैं कद्दू हूँ तो मेरी माँ कौन हुई?
4. और लड़ाई का टूटा पहिया फिर कभी नहीं जुड़ता।
5. आजाद देश के तुम दोस्त हो।

लघूत्तरीय प्रश्न :

1. कल्लू, खल्लू, गल्लू को लेखक ने अपाहिज-सा क्यों कहा है?
2. खल्लू आजादी को बच्चा क्यों कहता है?
3. महाभारत में किसका पहिया टूट गया था?
4. गल्लू ने धरती को माँ क्यों कहा?
5. एकांकी में कुल कितने पात्र हैं? उनकी विशेषताएं बताइये।

विवेचनात्मक प्रश्न :

1. तीन अपाहिजों के माध्यम से इस एकांकी में किन समस्याओं पर विचार किया गया है?
2. विसंगत नाटक/एकांकी की दृष्टि से इस एकांकी की समीक्षा कीजिए।

❑❑❑